LA VIDA IDEAL DESPUÉS DE LA JUBILACIÓN DESDE UNA PERSPECTIVA ISLÁMICA

Tabla de Contenido

Introducción

La jubilación es una transición importante en la vida de una persona, que a menudo se percibe como el final de la trayectoria profesional. Sin embargo, desde una perspectiva islámica, es una oportunidad para un nuevo comienzo, una etapa en la que uno puede centrarse en el crecimiento personal, la espiritualidad y el servicio comunitario. La transición hacia la jubilación puede ser abrumadora y estar marcada por preguntas sobre el propósito, la identidad y la realización personal. Sin embargo, el Islam ofrece un marco para comprender y aceptar esta etapa de la vida, haciendo hincapié en que cada momento puede ser una oportunidad para la adoración, las buenas acciones y el desarrollo personal.

En el Islam, la vida se considera un viaje continuo hacia la cercanía con Alá. La jubilación no significa el final de este viaje, sino que abre las puertas a un compromiso espiritual más profundo y a la participación en la comunidad. Las enseñanzas del Islam alientan a las personas a utilizar su tiempo sabiamente, a participar en actos de adoración y a fomentar relaciones que enriquezcan sus vidas y las de quienes las rodean. Esta comprensión ayuda a los jubilados a transitar su nueva realidad con un propósito y una dirección.

Uno de los principios básicos del Islam es el concepto de aprendizaje permanente. Este principio no disminuye después de la jubilación, sino que cobra mayor relevancia. Los jubilados tienen la oportunidad única de dedicar tiempo a estudiar el Corán, explorar los hadices y buscar conocimientos que enriquezcan su fe y su comprensión del Islam. Esta búsqueda no solo nutre el alma, sino que también permite a los jubilados compartir sus conocimientos con otros, fomentando una cultura de aprendizaje y mentoría dentro de sus familias y comunidades.

El crecimiento espiritual se vuelve primordial en esta nueva etapa de la vida. Muchos jubilados encuentran consuelo en profundizar su relación con Alá a través de la oración, la súplica y la reflexión. Este tiempo se puede utilizar para establecer una rutina que priorice las oraciones diarias, la recitación del Corán y la realización de actos voluntarios de adoración. Participar en estas prácticas espirituales no solo fortalece la fe, sino que también fomenta una sensación de paz y satisfacción, esencial para una jubilación plena.

Además, el servicio comunitario desempeña un papel crucial en una jubilación ideal. El Islam hace hincapié en la importancia de ayudar a los demás y contribuir al bienestar de la sociedad. Los jubilados pueden aprovechar sus habilidades, experiencia y tiempo para participar en diversas formas de servicio comunitario, ya sea mediante el voluntariado en organizaciones locales, la participación en iniciativas benéficas o la tutoría de generaciones más jóvenes. Esta participación activa proporciona un sentido de propósito y de pertenencia, elementos esenciales para una vida feliz y significativa después de la jubilación.

Además, mantener los lazos familiares es un aspecto vital para una jubilación ideal. En el Islam, los vínculos familiares fuertes son muy valorados. Los jubilados tienen la oportunidad de cultivar estas relaciones, ofreciendo orientación y apoyo a sus hijos y nietos. Esto puede implicar compartir experiencias de vida, impartir sabiduría o simplemente pasar tiempo de calidad juntos. Fortalecer estos vínculos no solo beneficia a la familia, sino que también mejora el bienestar emocional del jubilado.

La estabilidad financiera y la gestión responsable de los recursos también son consideraciones importantes en la jubilación. El Islam aboga por prácticas financieras prudentes, alentando a las personas a prepararse para sus necesidades futuras y al mismo tiempo asegurarse de cumplir con sus obligaciones, como pagar el Zakat. Los jubilados pueden beneficiarse de una reevaluación de su situación financiera y de la toma de decisiones informadas que les permitan vivir cómodamente mientras siguen participando en actos de caridad.

El énfasis en la gratitud y la satisfacción en el Islam sirve como principio rector durante la jubilación. Se anima a los jubilados a reflexionar sobre las bendiciones de su vida y expresar gratitud a Alá. Esta práctica cultiva una mentalidad positiva, lo que ayuda a los jubilados a valorar sus experiencias y a esperar nuevas oportunidades. Cultivar una actitud de gratitud puede transformar la percepción del envejecimiento y la jubilación, enmarcándolos como un momento de reflexión y celebración de la vida.

Por último, prepararse para la otra vida es parte integral de las enseñanzas islámicas, y la jubilación brinda una oportunidad perfecta para reflexionar sobre las propias acciones e intenciones. Realizar buenas acciones, buscar el perdón y hacer du'a por uno mismo y por los demás puede tener un impacto significativo en el estado espiritual de una persona a medida que se acerca el final de su vida.

En conclusión, la vida ideal después de la jubilación, desde una perspectiva islámica, se caracteriza por el crecimiento espiritual, el compromiso con la comunidad, fuertes lazos familiares y una búsqueda continua de conocimiento. Aceptar esta etapa con un sentido de propósito permite a los jubilados vivir una vida plena, dejando un legado duradero mientras luchan por la cercanía a Alá y, en última instancia, por un lugar en el Paraíso. Cada capítulo de este libro explorará estos temas en profundidad, brindando orientación e inspiración para una experiencia de jubilación significativa y enriquecedora.

El propósito de la vida y su continuidad después de la jubilación

La vida es un regalo precioso y, en el Islam, su finalidad está profundamente definida. Los musulmanes creen que la vida no es un fin en sí misma, sino un viaje hacia el cumplimiento del propósito último de cada uno: adorar a Dios y buscar Su complacencia. Esta comprensión enmarca cada etapa de la vida, incluida la jubilación, que puede verse no como un punto final, sino como un nuevo comienzo.

Desde una perspectiva islámica, el propósito central de la vida se expresa en el Corán, donde Alá afirma: "No creé a los genios ni a los hombres sino para que Me adoraran" (Corán 51:56). La adoración en el Islam abarca no solo los actos formales de devoción, como la oración y el ayuno, sino también toda acción que se ajuste a las enseñanzas e intenciones islámicas. Esta visión holística de la adoración subraya que cada momento de la vida, incluida la jubilación, encierra el potencial de un compromiso significativo con Alá y la creación.

A medida que las personas se acercan a la jubilación, pueden encontrarse lidiando con la cuestión del propósito de su vida. Después de haber pasado décadas en roles profesionales, muchas pueden sentir una sensación de pérdida o desorientación. Sin embargo, esta etapa de la vida puede verse como una oportunidad para recalibrar el enfoque y profundizar el compromiso con el compromiso espiritual y comunitario.

La jubilación brinda el tiempo y la oportunidad de reflexionar sobre los logros pasados, evaluar las opciones de vida y buscar formas de mejorar espiritual y moralmente. Este proceso reflexivo puede implicar revisar las metas y aspiraciones de la vida a la luz de las enseñanzas islámicas. Para muchos jubilados, esto puede significar cambiar el enfoque de los logros profesionales a los logros espirituales, como profundizar su relación con Alá, contribuir a sus comunidades o fomentar los vínculos familiares.

Uno de los aspectos más importantes de continuar con el propósito de la vida durante la jubilación es la oportunidad de crecimiento espiritual. Muchos jubilados pueden descubrir que tienen más tiempo para dedicarse a la oración, la lectura del Corán y la realización de actos de adoración. Esto no es simplemente un cambio de actividad, sino una oportunidad profunda para buscar una comprensión más profunda de la fe. Los jubilados pueden establecer nuevas rutinas que prioricen las oraciones y la reflexión diarias, mejorando su conexión espiritual y fomentando una sensación de paz y plenitud.

Además, participar en el aprendizaje permanente es un aspecto vital para mantener el propósito después de la jubilación. El Profeta Muhammad (la paz sea con él) enfatizó la importancia de buscar el conocimiento a lo largo de la vida. Esta búsqueda puede adoptar muchas formas, como estudiar textos islámicos, asistir a conferencias o participar en programas educativos comunitarios. Estas actividades no solo enriquecen el conocimiento de la persona, sino que también permiten a los jubilados relacionarse con otros, compartir ideas y contribuir positivamente a la comunidad.

El Islam también hace hincapié en la importancia del servicio comunitario y de ayudar a los demás. Esto es especialmente relevante para los jubilados, que a menudo tienen el tiempo y las habilidades para realizar voluntariados en diversas funciones. Participar en obras de caridad, asesorar a las generaciones más jóvenes o participar en proyectos comunitarios permite a los jubilados hacer contribuciones significativas. Esta participación refuerza la idea de que la vida sigue teniendo un propósito y que uno puede dejar un legado positivo a través de actos de bondad y servicio.

El papel de la familia también adquiere cada vez mayor importancia durante la jubilación. El Islam hace especial hincapié en mantener los lazos familiares y fomentar las relaciones. Los jubilados pueden aprovechar esta oportunidad para invertir tiempo en sus familias, brindándoles orientación, apoyo y sabiduría. Ya sea compartiendo experiencias de vida con hijos y nietos, enseñándoles los valores islámicos o simplemente disfrutando del tiempo juntos, estas conexiones son vitales para la realización personal y el bienestar emocional.

Además, la gratitud y la satisfacción son temas centrales en el Islam que pueden influir en gran medida en la mentalidad de los jubilados. La práctica de expresar gratitud por las bendiciones de la vida fomenta una actitud positiva y ayuda a las personas a apreciar las experiencias que han tenido. En esta etapa de la vida, los jubilados pueden reflexionar sobre sus recorridos, reconocer tanto los desafíos como los logros, y encontrar la paz en sus experiencias. Este sentido de gratitud puede conducir a una comprensión más profunda de la misericordia y la sabiduría de Alá, reforzando la creencia de que cada etapa de la vida tiene su propio significado.

A medida que avanza la jubilación, la contemplación de la mortalidad y la otra vida puede adquirir mayor importancia. El Islam alienta a los creyentes a prepararse para el más allá, recordándoles que la vida en la Tierra es temporal. Realizar buenas obras, arrepentirse sinceramente y fomentar una conexión con Alá puede conducir a recompensas espirituales en el más allá. Esta conciencia puede inspirar a los jubilados a tomar acciones significativas que estén en línea con su fe y sus valores, asegurándose de vivir una vida que refleje sus creencias.

Al transitar esta etapa de la vida, es esencial reconocer que el viaje no concluye con la jubilación, sino que se transforma en una oportunidad para seguir desarrollando el carácter, profundizar la fe y contribuir positivamente al mundo. El concepto de esfuerzo continuo (yihad) en el Islam también se aplica aquí: los jubilados pueden esforzarse por encarnar los valores islámicos en su vida diaria, demostrando bondad, compasión y humildad.

Además, no se puede exagerar la importancia de crear un legado. Cada individuo tiene el potencial de influir positivamente en las generaciones futuras. Los jubilados pueden participar en iniciativas que promuevan las enseñanzas islámicas, ya sea a través de fundaciones benéficas, programas educativos o simplemente viviendo vidas ejemplares que inspiren a otros. Al fomentar una cultura de conocimiento, bondad y fe, pueden ayudar a dar forma al futuro y dejar un impacto duradero.

En conclusión, el propósito de la vida, profundamente arraigado en la adoración a Alá y la búsqueda de la bondad, no cesa con la jubilación. Por el contrario, esta nueva etapa ofrece una oportunidad para reevaluar y profundizar el compromiso con la fe, la comunidad y la familia. Al participar en actos de adoración, buscar conocimiento, servir a los demás y cultivar relaciones, los jubilados pueden seguir cumpliendo su propósito y dejar un legado significativo. Cada momento contiene el potencial para el crecimiento espiritual y la conexión con Alá, lo que enfatiza que el viaje de la vida continúa, enriquecido por la sabiduría y las experiencias acumuladas a lo largo de los años. Aceptar la jubilación con esta perspectiva puede conducir a una vida plena y con propósito, alineada con las enseñanzas del Islam.

Crecimiento espiritual después de la jubilación

La jubilación es un momento crucial en la vida, que suele caracterizarse por el paso de una apretada agenda profesional a un ritmo más relajado. Si bien esta transición puede generar sentimientos de incertidumbre o pérdida, también presenta una oportunidad invaluable para el crecimiento espiritual: la oportunidad de profundizar la relación con Alá y participar más profundamente en actos de adoración. Para los musulmanes, esta etapa de la vida no es solo una etapa de ocio; es un momento de reflexión, devoción y servicio, en sintonía con las enseñanzas del Islam.

El crecimiento espiritual después de la jubilación comienza con la comprensión de que la vida sigue teniendo un propósito y un significado. En el Islam, cada momento puede ser una oportunidad para acercarse a Alá, y la jubilación proporciona el tiempo para priorizar las actividades espirituales que pueden haberse descuidado durante el ajetreo de la vida profesional. Este tiempo recién adquirido puede utilizarse para mejorar la comprensión de la fe y participar en prácticas que fomenten una conexión más profunda con el Creador.

Una de las formas más efectivas de fomentar el crecimiento espiritual es la práctica regular de la oración (Salah). Muchos jubilados descubren que pueden dedicar más tiempo a establecer una rutina de oración constante. Más allá de las oraciones obligatorias, participar en oraciones voluntarias (Sunnah y Nafl) puede mejorar significativamente el estado espiritual de una persona. La tranquilidad que se encuentra en estos momentos de adoración permite a los jubilados reflexionar sobre sus vidas, expresar gratitud y buscar el perdón. Establecer un espacio tranquilo y dedicado a la oración en el hogar puede crear un entorno propicio para la reflexión y la conexión espiritual.

Además, la recitación y el estudio del Corán se vuelven más accesibles durante la jubilación. El Corán sirve como guía para todos los aspectos de la vida, y dedicar tiempo a leer, comprender y reflexionar sobre sus versículos puede conducir a profundas reflexiones espirituales. Los jubilados pueden considerar unirse a círculos de estudio (Halaqah) o participar en clases en línea para profundizar su comprensión de las enseñanzas islámicas. El acto de contemplar los significados del Corán no solo enriquece el alma, sino que también proporciona una sensación de propósito y plenitud.

Hacer du'a (súplica) es otro aspecto esencial del crecimiento espiritual. Esta práctica fomenta una conexión personal con Allah, lo que permite a las personas expresar sus esperanzas, temores y deseos. Durante la jubilación, los jubilados suelen descubrir que tienen más tiempo para dedicarse a realizar súplicas sinceras, buscando orientación y apoyo en su vida diaria. Establecer una rutina regular de du'a, tal vez a primera hora de la mañana o después de las oraciones obligatorias, puede cultivar una mentalidad de confianza en Allah y fortalecer la fe.

Realizar actos de caridad (sadaqah) es una forma práctica de mejorar el crecimiento espiritual. El Islam enfatiza la importancia de ayudar a los necesitados, y los jubilados pueden desempeñar un papel importante en sus comunidades ofreciendo su tiempo, recursos o experiencia como voluntarios. Ya sea a través de organizaciones formales o de apoyo informal a vecinos y amigos, estos actos de bondad contribuyen al desarrollo espiritual personal y fomentan un sentido de conexión con los demás. El Profeta Muhammad (la paz sea con él) dijo: "Las mejores personas son aquellas que aportan el mayor beneficio al resto de la humanidad". Este servicio no solo beneficia a los demás, sino que también aporta una inmensa recompensa y satisfacción al donante.

Además, el concepto de Sadaqah Jariyah (caridad continua) cobra especial relevancia durante la jubilación. Los jubilados tienen la oportunidad de establecer proyectos caritativos a largo plazo, como la financiación de iniciativas educativas, la construcción de mezquitas o el apoyo a servicios comunitarios. Estas contribuciones garantizan que su impacto continúe incluso después de su fallecimiento, cumpliendo así el principio islámico de dejar un legado duradero de buenas acciones.

Otro aspecto importante del crecimiento espiritual es la búsqueda de conocimiento. La búsqueda de conocimiento es una tarea que dura toda la vida y que se fomenta en el Islam, y la jubilación permite explorar diversas disciplinas islámicas. Participar en una educación formal, asistir a conferencias o leer libros sobre teología, jurisprudencia o historia islámicas puede conducir a una transformación personal. Este conocimiento permite a los jubilados convertirse en miembros más activos de sus comunidades, compartir conocimientos y guiar a otros en su fe.

Además, desarrollar una práctica de reflexión y autoevaluación es crucial para el crecimiento espiritual. La jubilación ofrece la oportunidad de evaluar la propia trayectoria vital, reconocer áreas de mejora y agradecer las experiencias pasadas. La autorreflexión periódica permite a los jubilados identificar sus fortalezas y debilidades, lo que fomenta el desarrollo y el crecimiento personal. Este proceso puede implicar llevar un diario, realizar prácticas meditativas o hablar con personas con conocimientos que puedan ofrecer orientación.

Mantener fuertes lazos familiares también es un componente importante del crecimiento espiritual. El Islam alienta a las personas a cultivar relaciones con los miembros de la familia, ya que estas conexiones a menudo brindan apoyo emocional y espiritual. Los jubilados pueden tomarse el tiempo para fortalecer sus vínculos con los hijos, nietos y familiares lejanos compartiendo su sabiduría, experiencias y valores islámicos. Este compromiso no solo beneficia a la familia, sino que también enriquece la vida espiritual del jubilado, creando un entorno propicio donde la fe puede florecer.

Además, la práctica de la gratitud (Shukr) es esencial para fomentar una vida espiritualmente rica. El Islam enseña la importancia de reconocer y apreciar las innumerables bendiciones de Alá. Los jubilados pueden cultivar una actitud de gratitud reflexionando sobre los aspectos positivos de sus vidas, como la salud, la familia y la comunidad. Participar en expresiones diarias de gratitud, ya sea a través de oraciones o simples reconocimientos, puede transformar la mentalidad de la persona, lo que conduce a una mayor satisfacción y paz.

Por último, la jubilación ofrece la oportunidad de prepararse para la otra vida. Cuando las personas reflexionan sobre sus vidas, pueden tomar medidas proactivas para asegurarse de estar espiritualmente preparadas para lo que les espera. Esto implica arrepentirse sinceramente, buscar el perdón por los errores pasados y realizar buenas acciones que se ajusten a los principios islámicos. El Profeta Muhammad (la paz sea con él) aconsejó: "Aprovecha las cinco cosas antes de las cinco: tu juventud antes de tu vejez, tu salud antes de tu enfermedad, tu riqueza antes de tu pobreza, tu tiempo libre antes de tus preocupaciones y tu vida antes de tu muerte". Este recordatorio subraya la importancia de utilizar el tiempo sabiamente, especialmente en las últimas etapas de la vida.

En conclusión, el crecimiento espiritual después de la jubilación es un viaje multifacético que implica profundizar la conexión con Alá a través de la oración, el estudio del Corán, los actos de caridad y la búsqueda del conocimiento. Al abrazar esta etapa de la vida con intención y compromiso, los jubilados pueden cultivar una existencia espiritual plena que no solo mejore sus propias vidas, sino que también tenga un impacto positivo en sus familias y comunidades. De esta manera, la jubilación se convierte en un capítulo significativo del desarrollo espiritual, en consonancia con el propósito general de la vida en el Islam: adorar a Alá y contribuir al bien común.

Reconectando con el Corán

El Corán, considerado la palabra literal de Alá, ocupa un lugar central en la vida de todo musulmán. No es simplemente un texto para recitar, sino una guía para vivir una vida en sintonía con los principios del Islam. Para muchos, las exigencias de la vida profesional pueden hacer que se desconecten de esta escritura sagrada. Sin embargo, la jubilación ofrece una oportunidad inestimable para volver a conectarse con el Corán, enriquecer el camino espiritual y mejorar el bienestar general.

Para reconectarse con el Corán es necesario comenzar por establecer la intención de priorizar su recitación y comprensión. El Profeta Muhammad (la paz sea con él) enfatizó la importancia del Corán en la vida de los creyentes, al afirmar: "Los mejores entre ustedes son aquellos que aprenden el Corán y lo enseñan". Esto refleja el papel dual del Corán como guía personal y recurso comunitario. En la jubilación, las personas tienen tiempo para involucrarse con el Corán a un nivel más profundo, permitiendo que sus enseñanzas influyan en sus pensamientos, acciones e interacciones.

Una forma eficaz de profundizar esta conexión es mediante la recitación regular. Establecer una rutina diaria para leer el Corán no solo fomenta la disciplina, sino que también crea un ambiente espiritual en el hogar. Muchos jubilados encuentran consuelo al dedicar momentos específicos para la recitación, ya sea temprano por la mañana o tarde por la noche, lo que les permite reflexionar sobre el significado de los versículos. Esta práctica puede transformar una simple sesión de lectura en una profunda experiencia espiritual, donde cada versículo resuena en el corazón y la mente.

Comprender los significados del Corán es igualmente importante. Interactuar con el Tafsir (interpretación) ayuda a iluminar el contexto y la profundidad de los versículos, brindando claridad sobre cómo se aplican a la vida diaria. Los jubilados pueden beneficiarse de asistir a clases de Tafsir, ya sea en persona en mezquitas locales o en línea. Estas clases no solo mejoran el conocimiento, sino que también fomentan un sentido de comunidad entre los participantes. Compartir ideas y reflexiones puede profundizar la comprensión del texto y su relevancia para los problemas contemporáneos.

Otra forma poderosa de reconectarse con el Corán es a través de la memorización. Si bien puede parecer abrumador, la jubilación ofrece el tiempo y el espacio mental para emprender esta gratificante tarea. Memorizar versículos permite recordarlos fácilmente en momentos de necesidad, lo que brinda consuelo y orientación. El esfuerzo que implica memorizar fomenta una conexión más profunda con las palabras de Alá, convirtiéndolas en una parte integral de la vida de uno. Muchos jubilados descubren que recitar versículos memorizados durante las oraciones o mientras realizan actividades diarias les brinda una sensación de paz y atención plena.

Reflexionar sobre las enseñanzas del Corán es esencial para el crecimiento personal. Cada versículo contiene lecciones y reflexiones que pueden inspirar un cambio positivo en la conducta y el carácter. Los jubilados pueden participar en la autorreflexión pensando en cómo se puede aplicar la guía del Corán a sus vidas. Preguntas como "¿Qué me enseña este versículo sobre mi relación con los demás?" o "¿Cómo puedo encarnar los valores expresados en este pasaje?" pueden conducir a reflexiones transformadoras. Llevar un diario para documentar estas reflexiones puede mejorar aún más la experiencia de aprendizaje, permitiendo a las personas hacer un seguimiento de su crecimiento espiritual a lo largo del tiempo.

Además del crecimiento personal, el Corán también enfatiza la importancia de la comunidad. Los jubilados pueden iniciar o participar en grupos de estudio que se centren en el Corán. Estas reuniones brindan una plataforma para compartir conocimientos, debatir interpretaciones y reflexionar colectivamente sobre las lecciones aprendidas del texto. Participar en debates con otras personas fomenta un sentido de pertenencia y fortalece los lazos comunitarios, reforzando la dimensión social de la fe.

Además, el Corán es una fuente de consuelo y seguridad en tiempos difíciles. A medida que las personas envejecen, pueden enfrentarse a diversas dificultades, como problemas de salud o la pérdida de seres queridos. Recurrir al Corán en esos momentos puede brindar consuelo y claridad. Los versículos que enfatizan la misericordia, la paciencia y la sabiduría de Alá pueden ser especialmente edificantes. Al integrar el Corán en la vida diaria, los jubilados pueden encontrar fuerza y orientación para afrontar las complejidades del envejecimiento.

El estudio del Corán también puede inspirar la acción. Muchos jubilados pueden sentirse llamados a contribuir a la comunidad a través de proyectos de servicio que reflejen los principios islámicos. Esto puede implicar la organización de iniciativas de caridad, la tutoría de jóvenes o la participación en programas de extensión comunitaria. Las enseñanzas del Corán pueden guiar estas acciones, inculcando un sentido de responsabilidad para ayudar a los necesitados y fomentando una cultura de compasión.

Otro aspecto de la reconexión con el Corán es la incorporación de sus enseñanzas a la vida familiar. Los jubilados pueden tomar la iniciativa de compartir la sabiduría del Corán con sus hijos y nietos, fomentando el amor por las escrituras entre las generaciones más jóvenes. Esto puede implicar leer juntos, analizar el significado de versículos específicos o alentar a los miembros de la familia a participar en sesiones de estudio coránico. Al fomentar esta conexión, los jubilados contribuyen al legado espiritual de sus familias, asegurando que los valores del Islam se transmitan de generación en generación.

Además de la interacción directa, la tecnología puede ser una herramienta valiosa para reconectarse con el Corán. Existen numerosas aplicaciones y recursos en línea que brindan acceso a textos coránicos, traducciones y tafsir. Estas plataformas suelen ofrecer funciones interactivas, como recitaciones de audio y cuestionarios, que hacen que la experiencia de aprendizaje sea atractiva y accesible. El uso de estos recursos puede mejorar la comprensión y fomentar un compromiso constante con el Corán.

Por último, la práctica de la Du'a puede enriquecerse con las enseñanzas del Corán. El Corán está repleto de hermosas súplicas y versículos que pueden incorporarse a las oraciones personales. Al invocar estas palabras en la Du'a, los jubilados pueden expresar sus esperanzas y deseos y, al mismo tiempo, reforzar su conexión con las escrituras. Esta práctica fomenta un sentido de confianza en Alá y refuerza la creencia de que cada aspecto de la vida está entrelazado con la guía divina.

En conclusión, reconectarse con el Corán es un viaje transformador que puede mejorar significativamente el crecimiento espiritual durante la jubilación. Al establecer una rutina de recitación, involucrarse con el Tafsir, participar en grupos de estudio y reflexionar sobre sus enseñanzas, los jubilados pueden profundizar su comprensión del Corán y su relevancia para sus vidas. El Corán no solo brinda orientación, sino que también sirve como fuente de consuelo e inspiración, lo que permite a los jubilados transitar esta nueva etapa de la vida con propósito y fe. Abrazar el Corán en la vida diaria fomenta una rica experiencia espiritual, asegurando que su sabiduría continúe iluminando el camino hacia una existencia plena y significativa.

Voluntariado y servicio comunitario

El voluntariado y el servicio comunitario desempeñan un papel crucial en el enriquecimiento de la vida de las personas, especialmente de los jubilados que buscan hacer contribuciones significativas a la sociedad. Para los musulmanes, participar en el servicio comunitario no es solo una responsabilidad cívica, sino también un aspecto profundamente arraigado de la fe que se alinea con las enseñanzas islámicas. La transición a la jubilación ofrece una oportunidad única de invertir tiempo y energía en servir a los demás, fomentar un sentido de propósito y crear un impacto duradero en la comunidad.

Uno de los principios fundamentales del Islam es el énfasis en ayudar a los demás. El Corán y los hadices están repletos de estímulos para ayudar a los necesitados, ya sea mediante apoyo financiero, ayuda física o estímulo emocional. El Profeta Muhammad (la paz sea con él) afirmó: "Las mejores personas son aquellas que aportan el mayor beneficio a los demás". Este principio se vuelve especialmente relevante en la jubilación, cuando las personas tienen tiempo para dedicarse a actos de servicio que pueden transformar vidas.

El voluntariado puede adoptar muchas formas, cada una de las cuales ofrece beneficios y oportunidades únicas para el crecimiento espiritual. Para los jubilados, el primer paso en el voluntariado es identificar sus intereses y habilidades. Esta autorreflexión puede ayudarlos a orientarse hacia proyectos de servicio comunitario que se alineen con sus pasiones, ya sea asesorar a jóvenes, ayudar a los ancianos o participar en iniciativas ambientales. Participar en un servicio que resuena personalmente fomenta un compromiso y una satisfacción más profundos, lo que hace que la experiencia sea más gratificante.

Una de las formas más eficaces en que los jubilados pueden contribuir es asesorando a los jóvenes. Muchos jubilados poseen una gran cantidad de conocimientos y experiencia que pueden beneficiar a las generaciones más jóvenes. El voluntariado como mentor en escuelas, organizaciones juveniles o mezquitas locales puede brindar orientación y apoyo a los estudiantes que enfrentan los desafíos de la educación y la vida. La tutoría no solo ayuda a los jóvenes a desarrollar habilidades importantes, sino que también permite a los jubilados compartir sus lecciones de vida y su sabiduría, creando conexiones significativas que trascienden generaciones.

Además de la tutoría, los jubilados pueden participar en programas educativos que promuevan la alfabetización, las habilidades lingüísticas o la formación profesional. Muchas comunidades tienen programas diseñados para ayudar a las personas desfavorecidas a adquirir habilidades esenciales para el empleo. Al participar como voluntarios en estas iniciativas, los jubilados pueden ayudar a empoderar a las personas, proporcionándoles las herramientas necesarias para mejorar sus vidas y alcanzar sus metas. Este acto de servicio se alinea con el principio islámico de ayudar a los demás y puede tener un profundo impacto en la comunidad.

El servicio comunitario también puede extenderse al apoyo a los ancianos y a las personas con discapacidades. Muchos jubilados encuentran satisfacción en el voluntariado en hogares de ancianos, centros de rehabilitación u organizaciones que ayudan a personas con necesidades especiales. Estas interacciones a menudo crean un profundo sentido de conexión y empatía, ya que los voluntarios pueden ofrecer compañía, asistencia y apoyo emocional a quienes pueden sentirse aislados o abandonados. El acto de servir a los ancianos es particularmente significativo en el Islam, ya que el respeto por los mayores es un valor fundamental. Al brindar atención y compañía, los jubilados cumplen con su deber religioso al mismo tiempo que enriquecen sus propias vidas a través de estas relaciones significativas.

La gestión ambiental es otra vía de servicio comunitario que resuena profundamente con las enseñanzas islámicas. El concepto de cuidar la tierra es parte integral de la creencia islámica, ya que Alá ordena a los creyentes ser administradores de Su creación. Los jubilados pueden participar en iniciativas ambientales como la plantación de árboles, eventos de limpieza comunitaria o programas educativos centrados en la sostenibilidad. Estas actividades no solo contribuyen al bienestar del planeta, sino que también fomentan un sentido de comunidad y responsabilidad compartida, reforzando la idea de que el cuidado del medio ambiente es un esfuerzo colectivo.

El voluntariado también ofrece oportunidades de participar en iniciativas humanitarias, tanto a nivel local como global. Muchas organizaciones se centran en abordar problemas sociales como la pobreza, el hambre y la ayuda en caso de desastres naturales. Los jubilados pueden participar en la recaudación de fondos, organizar campañas para conseguir suministros esenciales o participar en campañas de concienciación que pongan de relieve los problemas sociales más acuciantes. Esta forma de servicio no sólo ayuda a los necesitados, sino que también cultiva un sentido de empatía y compasión en los voluntarios, lo que refuerza la importancia de la justicia social en el Islam.

Además, los jubilados pueden aprovechar sus habilidades y experiencias profesionales para contribuir al servicio comunitario de maneras más especializadas. Por ejemplo, los profesionales jubilados, como médicos, abogados o educadores, pueden ofrecer servicios pro bono a quienes no pueden costearlos. Esto puede implicar ofrecer chequeos médicos gratuitos, asesoramiento legal o talleres educativos. Esas contribuciones son invaluables y pueden mejorar significativamente las vidas de las personas que de otra manera no tendrían acceso a estos servicios esenciales.

Cuando los jubilados se involucran en servicios comunitarios, a menudo experimentan una renovada sensación de propósito y satisfacción. El acto de dar fomenta la gratitud por las propias bendiciones, reforzando el principio islámico de Shukr (agradecimiento). Los voluntarios a menudo encuentran alegría en las relaciones que construyen y el impacto positivo que tienen en los demás, fomentando un sentido de pertenencia y comunidad. Esta experiencia no solo beneficia a los receptores del servicio, sino que también enriquece la vida de quienes dan.

El sentido de comunidad que se crea a través del voluntariado puede ser particularmente beneficioso para los jubilados que pueden experimentar sentimientos de aislamiento después de dejar la fuerza laboral. Al participar en actividades de servicio, los jubilados pueden conectarse con personas con ideas afines, fomentando amistades y redes sociales que mejoran su calidad de vida. Este sentido de pertenencia es esencial para el bienestar emocional y puede contrarrestar los sentimientos de soledad o depresión que algunas personas pueden experimentar durante la jubilación.

Además, el voluntariado ofrece una oportunidad de crecimiento espiritual. Participar en actos desinteresados de servicio se alinea con las enseñanzas del Islam y permite a los jubilados cumplir con sus obligaciones religiosas. El Corán enfatiza que quienes gastan en el camino de Alá serán recompensados, tanto en esta vida como en la otra. Esta comprensión puede motivar a los jubilados a dedicar su tiempo y recursos a ayudar a los demás, sabiendo que sus esfuerzos son vistos y valorados por Alá.

Los jubilados también pueden involucrar a sus familias en el servicio comunitario, creando oportunidades para crear vínculos y compartir experiencias. Participar en el servicio comunitario en familia no solo fortalece los lazos familiares, sino que también inculca valores de compasión, empatía y responsabilidad social en las generaciones más jóvenes. Este compromiso compartido con el servicio comunitario puede cultivar una cultura familiar centrada en la retribución y el servicio a los demás, reforzando la importancia de estos valores en la vida cotidiana.

En conclusión, el voluntariado y el servicio comunitario son componentes vitales de una experiencia de jubilación satisfactoria, en particular desde una perspectiva islámica. La participación en actos de servicio permite a los jubilados realizar contribuciones significativas a la sociedad, al tiempo que fomenta el crecimiento personal y el desarrollo espiritual. Al compartir sus habilidades, conocimientos y compasión, los jubilados pueden crear impactos duraderos en sus comunidades y construir conexiones que enriquecen sus vidas. Este compromiso de servir a los demás se alinea con los principios básicos del Islam y refuerza la idea de que cada individuo tiene un papel que desempeñar en la elevación de la sociedad. Adoptar el espíritu del voluntariado durante la jubilación no solo beneficia a la comunidad, sino que también mejora el propio sentido de propósito y realización, lo que hace de esta etapa de la vida una experiencia verdaderamente enriquecedora.

Sadaqah Jariyah (organización benéfica continua)

Sadaqah Jariyah, o caridad continua, es un concepto profundo en el Islam que enfatiza la importancia de los actos de caridad que continúan beneficiando a otros mucho después de la muerte de la persona. La esencia de Sadaqah Jariyah radica en su capacidad de crear un impacto duradero, asegurando que las buenas acciones realizadas sigan trayendo recompensas de Alá incluso después de que la persona haya fallecido. Para los jubilados, adoptar los principios de Sadaqah Jariyah puede proporcionar una manera significativa de invertir en su legado espiritual y contribuir positivamente a la sociedad.

El concepto de Sadaqah Jariyah tiene sus raíces en las enseñanzas del Profeta Muhammad (la paz sea con él), quien destacó la importancia de los actos que producen beneficios continuos. En un conocido hadiz, afirmó: "Cuando una persona muere, sus obras llegan a su fin, excepto tres: la caridad continua (Sadaqah Jariyah), el conocimiento beneficioso o un hijo piadoso que reza por ella". Este hadiz enfatiza que los actos de caridad que tienen efectos duraderos son cruciales a los ojos de Alá, lo que los convierte en un medio poderoso para asegurar recompensas en el más allá.

Para los jubilados, la oportunidad de participar en Sadaqah Jariyah es particularmente significativa. Al tener más tiempo libre, pueden considerar detenidamente las formas en que pueden contribuir a iniciativas benéficas que seguirán teniendo un impacto positivo. El primer paso en este proceso es identificar áreas de necesidad dentro de sus comunidades o más allá. Este proceso puede implicar reflexionar sobre pasiones personales o habilidades profesionales que se pueden utilizar con fines benéficos.

Una de las formas más impactantes de Sadaqah Jariyah es el establecimiento de iniciativas educativas. La educación tiene el poder de transformar vidas, y los jubilados pueden invertir en proyectos como la construcción de escuelas, el patrocinio de becas o la creación de programas educativos para comunidades desfavorecidas. Estas contribuciones garantizan que el conocimiento siga difundiéndose y empoderan a las personas para mejorar sus circunstancias. Por ejemplo, establecer una biblioteca comunitaria o proporcionar recursos para programas de alfabetización puede generar beneficios para las generaciones futuras.

Las iniciativas de atención sanitaria también representan una vía importante para Sadaqah Jariyah. Los jubilados pueden contribuir a la creación de clínicas, a campañas de concienciación sobre la salud o a la financiación de tratamientos médicos para quienes los necesitan. Al contribuir al acceso a la atención sanitaria, ayudan a mejorar la calidad de vida de las personas que pueden carecer de servicios médicos esenciales. Estos actos de caridad no solo satisfacen necesidades sanitarias inmediatas, sino que también contribuyen al bienestar general de las comunidades, creando un efecto dominó de cambio positivo.

Otra forma significativa de participar en Sadaqah Jariyah es a través de iniciativas de conservación del medio ambiente. Como administradores de la tierra, se alienta a los musulmanes a cuidar el medio ambiente, y los jubilados pueden contribuir apoyando proyectos que se centren en la sostenibilidad, la plantación de árboles o la preservación de la vida silvestre. Establecer jardines comunitarios o financiar iniciativas de agua potable son ejemplos de cómo los jubilados pueden tener un impacto duradero tanto en el medio ambiente como en las comunidades a las que sirven. Estos proyectos garantizan un planeta más saludable para las generaciones futuras, en consonancia con el principio islámico de proteger la creación de Alá.

La construcción de lugares de culto, como mezquitas o centros comunitarios, es otro aspecto vital de Sadaqah Jariyah. Estas instituciones sirven como centros de participación comunitaria, crecimiento espiritual y apoyo social. Los jubilados pueden contribuir a la construcción o renovación de dichas instalaciones, proporcionando espacios donde la gente pueda reunirse para rezar, educarse y realizar actividades comunitarias. Al invertir en estos establecimientos, los jubilados no solo contribuyen al desarrollo espiritual de sus comunidades, sino que también crean un legado duradero que seguirá beneficiando a las generaciones futuras.

Los jubilados también pueden considerar las contribuciones digitales o tecnológicas como una forma de Sadaqah Jariyah. En el mundo actual, la tecnología desempeña un papel crucial en la educación y la comunicación. Los jubilados con habilidades en tecnología pueden desarrollar plataformas en línea, aplicaciones educativas o recursos que brinden acceso al conocimiento y oportunidades de aprendizaje. La creación de un sitio web dedicado a compartir enseñanzas islámicas, recursos para nuevos musulmanes o plataformas de apoyo comunitario puede tener un impacto de largo alcance, trascendiendo las fronteras geográficas y llegando a personas que tal vez no tengan acceso a formas tradicionales de educación.

Además, la creación de fondos de donación (waqf) es una forma eficaz de garantizar la continuidad de la caridad. Un waqf es un fondo de donación benéfica en el que se invierte el capital principal y las ganancias generadas se utilizan para fines benéficos específicos. Esta forma de caridad garantiza que el capital original permanezca intacto a la vez que se brinda apoyo continuo a proyectos de educación, atención médica o comunitarios. Los jubilados pueden crear un waqf para financiar becas, tratamientos médicos o iniciativas comunitarias, lo que garantiza que sus contribuciones sigan beneficiando a otros a lo largo del tiempo.

Al participar en Sadaqah Jariyah, los jubilados también pueden involucrar a sus familias, alentándolas a participar en iniciativas benéficas. Este compromiso compartido con la caridad permanente no solo fortalece los lazos familiares, sino que también inculca valores de compasión y responsabilidad social en las generaciones más jóvenes. Trabajar juntos en proyectos comunitarios o participar en iniciativas de recaudación de fondos puede crear un sentido de unidad y propósito, reforzando la idea de que contribuir es un esfuerzo colectivo que beneficia a todos.

Además, las recompensas espirituales de la Sadaqah Jariyah son inmensas. El acto de dar, especialmente de maneras que produzcan beneficios continuos, cultiva un sentido de gratitud y humildad. Sirve como recordatorio de las bendiciones que uno ha recibido y de la importancia de compartirlas con los demás. Participar en obras de caridad de manera continua fomenta un sentido de realización y propósito, transformando la experiencia de jubilación en una de contribución activa y compromiso significativo.

A medida que los jubilados evalúan sus contribuciones a la Sadaqah Jariyah, es importante abordar esta tarea con sinceridad e intención. Tener la sincera intención (niyyah) de servir a Alá y buscar Su complacencia puede aumentar el impacto de las acciones caritativas. Evaluar regularmente el impacto de sus contribuciones y solicitar comentarios de las comunidades a las que sirven también puede ayudar a los jubilados a asegurarse de que sus esfuerzos estén marcando una diferencia significativa.

En conclusión, Sadaqah Jariyah ofrece a los jubilados una oportunidad única de crear un legado duradero a través de actos de caridad constantes. Al invertir en educación, atención médica, iniciativas ambientales, lugares de culto y proyectos comunitarios, los jubilados pueden asegurarse de que sus contribuciones sigan beneficiando a otros mucho después de que se hayan ido. Adoptar los principios de Sadaqah Jariyah no solo cumple una obligación religiosa vital, sino que también enriquece la vida del jubilado con un propósito, satisfacción y conexión con la comunidad. Al participar en esta noble tarea, los jubilados pueden estar seguros de que sus actos de bondad resonarán a través de las generaciones, encarnando el espíritu de compasión y servicio que se encuentra en el corazón del Islam.

Los lazos familiares y las responsabilidades islámicas

La familia ocupa un lugar primordial en el Islam, donde mantener fuertes lazos familiares no sólo se fomenta sino que se considera un aspecto fundamental de la fe. A medida que las personas se jubilan, la oportunidad de cultivar y fortalecer estas relaciones se vuelve aún más importante. Este capítulo explora la importancia de los lazos familiares en el Islam, las responsabilidades que conllevan y cómo los jubilados pueden fomentar conexiones significativas con sus seres queridos.

En las enseñanzas islámicas, la familia es considerada una fuente de apoyo, amor y guía. El Corán enfatiza la importancia del parentesco al afirmar: "Temed a Dios, por medio de quien os preguntáis unos a otros, y a los senos que os han dado a luz. Dios os observa siempre" (Corán 4:1). Este versículo subraya la idea de que mantener los lazos familiares es un mandato divino y un medio para ganarse la complacencia de Dios.

A medida que los jubilados se van encontrando con más tiempo, tienen la oportunidad de profundizar sus conexiones con los miembros de la familia. Pasar tiempo regularmente con los hijos, los nietos y la familia extendida puede fomentar un sentido de pertenencia y continuidad dentro de la unidad familiar. Ya sea a través de reuniones familiares, comidas compartidas o salidas, estas interacciones crean recuerdos preciados y refuerzan los lazos que unen a las familias.

Además, los jubilados pueden asumir el papel de mentores y guías dentro de la familia. Con años de experiencia de vida, pueden compartir sabiduría, valores y lecciones aprendidas a lo largo de su trayectoria. Participar en conversaciones abiertas con miembros más jóvenes de la familia sobre su fe, desafíos personales y éxitos puede brindar perspectivas invaluables que ayuden a guiar a la próxima generación. Esta relación de mentoría no solo enriquece las vidas de los miembros más jóvenes de la familia, sino que también fortalece el sentido de propósito y realización del jubilado.

El Islam también enfatiza la importancia del respeto y el cuidado de los padres, un principio que se extiende a toda la estructura familiar. El Profeta Muhammad (la paz sea con él) afirmó: "Quien quiera entrar al Paraíso por la mejor puerta debe complacer a sus padres". Esto resalta el peso de las responsabilidades familiares y las recompensas asociadas con honrar y cuidar a los padres y familiares. Los jubilados, que pueden estar envejeciendo, pueden dar ejemplo demostrando respeto y cuidado a sus propios padres o parientes mayores, creando un ciclo de amor y respeto que beneficia a toda la familia.

Además de fomentar las relaciones, los jubilados tienen la oportunidad de participar en actos de servicio dentro de sus familias. Esto podría implicar ayudar a los niños con el cuidado infantil, colaborar con las responsabilidades del hogar o brindar apoyo en tiempos difíciles. Estos actos de servicio no solo alivian las cargas de los miembros de la familia, sino que también refuerzan la idea de apoyo mutuo y colaboración dentro de la estructura familiar. Al participar activamente en la vida familiar, los jubilados pueden asegurarse de seguir siendo miembros integrales de sus hogares, fomentando la unidad y la cooperación.

Además, las reuniones familiares brindan una excelente oportunidad para el crecimiento espiritual. Los jubilados pueden iniciar conversaciones sobre las enseñanzas, los valores y las tradiciones islámicas durante estas reuniones. Compartir historias del Corán o del Hadith puede inspirar a los miembros más jóvenes de la familia y alentarlos a desarrollar una comprensión más profunda de su fe. Este aspecto educativo de la vida familiar fomenta un sentido de comunidad y un propósito compartido, lo que refuerza la importancia del Islam en la vida diaria.

A medida que los jubilados se reencuentran con sus familias, también es esencial reconocer la importancia del perdón y la resolución de conflictos. La dinámica familiar a veces puede ser complicada, y con el tiempo surgen malentendidos o desacuerdos. El Corán alienta a los creyentes a buscar la reconciliación y reparar los lazos rotos: "Si dos facciones entre los creyentes se enfrentan, entonces arreglen las cosas entre ellas" (Corán 49:9). Los jubilados pueden tomar la iniciativa para superar las brechas dentro de la familia, fomentando un ambiente de compasión y comprensión. Al ser un modelo de perdón y comunicación abierta, pueden inspirar a las generaciones más jóvenes a priorizar la armonía y la unidad en sus relaciones.

El papel de los abuelos en la estructura familiar es particularmente vital. Los jubilados suelen tener la oportunidad única de participar en la vida de sus nietos, brindándoles apoyo, sabiduría y amor. Esta relación puede ser transformadora, ya que los abuelos sirven como modelos a seguir y fuentes de consuelo para los miembros más jóvenes de la familia. Compartir tradiciones, valores culturales y enseñanzas islámicas puede enriquecer la vida de los nietos, fomentando un sentido de identidad y pertenencia.

Además, los jubilados pueden crear oportunidades para proyectos de servicio familiar que encarnen los valores islámicos. Participar en servicios comunitarios en familia, ya sea como voluntario en organizaciones benéficas locales, organizando actividades de recaudación de fondos o participando en programas de extensión, puede fortalecer los vínculos familiares y, al mismo tiempo, contribuir positivamente a la sociedad. Estas experiencias compartidas cultivan un sentido de empatía y compasión entre los miembros de la familia, lo que refuerza la importancia de ayudar a los demás.

Además, la tecnología puede desempeñar un papel fundamental en el mantenimiento de los vínculos familiares, especialmente para los jubilados que pueden tener familiares que viven lejos. El uso de herramientas de comunicación como videollamadas, aplicaciones de mensajería y redes sociales puede ayudar a superar la distancia, lo que permite a los jubilados mantenerse en contacto con sus seres queridos.

Los encuentros virtuales periódicos, el intercambio de fotografías o la participación en reuniones familiares en línea pueden fomentar una sensación de cercanía, independientemente de la distancia física.

También es esencial que los jubilados reconozcan la importancia de dar un ejemplo positivo a sus familias. Vivir de acuerdo con los valores islámicos, demostrando bondad, compasión e integridad, inspira a las generaciones más jóvenes a seguir su ejemplo. El impacto de la conducta de un jubilado puede resonar profundamente dentro de la familia, influyendo en la forma en que los hijos y nietos ven sus propias responsabilidades y roles dentro de la unidad familiar.

En conclusión, los lazos familiares son una piedra angular de la vida islámica, y los jubilados tienen una oportunidad única de nutrir y fortalecer estos vínculos durante esta etapa de sus vidas. Al interactuar activamente con los miembros de la familia, compartir sabiduría y dar ejemplo de compasión y servicio, los jubilados pueden cumplir con sus responsabilidades islámicas y, al mismo tiempo, enriquecer sus propias vidas. Las relaciones fomentadas durante la jubilación pueden crear legados duraderos que resuenan a lo largo de las generaciones, reforzando los valores del amor, el respeto y la comunidad que se encuentran en el corazón del Islam. Abrazar los lazos familiares no solo cumple una obligación religiosa, sino que también transforma la jubilación en un momento de alegría, conexión y propósito, lo que la convierte en una experiencia verdaderamente enriquecedora.

En busca del conocimiento en la vejez

La búsqueda del conocimiento es un camino que dura toda la vida en el Islam, muy valorado y enfatizado desde la infancia hasta la vejez. El Profeta Muhammad (la paz sea con él) afirmó: "Buscar el conocimiento es una obligación de todo musulmán". Este mandamiento subraya que la búsqueda del conocimiento no se limita a los jóvenes, sino que se extiende a personas de todas las edades, incluidos los jubilados que pueden encontrarse con tiempo y oportunidades nuevos para dedicarse al aprendizaje.

A medida que las personas se jubilan, la perspectiva de buscar conocimiento puede resultar estimulante. Este período de la vida suele estar marcado por un alejamiento de las responsabilidades profesionales, lo que proporciona a los jubilados el tiempo y la libertad para explorar nuevos intereses, profundizar su comprensión de su fe y abordar temas que han despertado su curiosidad durante mucho tiempo. La perspectiva islámica sobre el aprendizaje permanente alienta a las personas a considerar esta etapa de la vida como una oportunidad para crecer espiritual, intelectual y socialmente.

Una de las formas de conocimiento más importantes para los musulmanes es el conocimiento religioso. Comprender el Corán, los hadices y los principios de la jurisprudencia islámica es esencial para todo creyente. Para los jubilados, esto puede significar tomar clases en mezquitas locales, asistir a conferencias o participar en cursos en línea centrados en los estudios islámicos. Interactuar con eruditos y personas con conocimientos puede mejorar la comprensión de la fe, abordando preguntas y dudas que puedan haber surgido a lo largo de los años. Esta búsqueda no solo fortalece la fe personal, sino que también proporciona a los jubilados el conocimiento que pueden compartir con sus familias y comunidades.

Además, la participación en estudios religiosos permite a los jubilados repasar los principios básicos del Islam, profundizando su aprecio por la fe. Pueden optar por estudiar el Tafsir (interpretación del Corán), que profundiza en los significados, contextos y aplicaciones de varios versículos. Este viaje de exploración puede conducir a un profundo crecimiento espiritual, ya que los jubilados reflexionan sobre cómo las enseñanzas del Islam se aplican a sus propias vidas y al mundo que los rodea.

Más allá del conocimiento religioso, los jubilados tienen la oportunidad de explorar una amplia gama de temas que les interesan personalmente, como historia, literatura, filosofía, ciencia o arte. La gran cantidad de recursos disponibles en la actualidad (como cursos en línea, programas de colegios comunitarios y talleres locales) hace que sea más fácil que nunca dedicarse a estos intereses. Interactuar con nuevos temas puede estimular la función cognitiva, manteniendo la mente activa y aguda. Los estudios han demostrado que el aprendizaje continuo está vinculado a una mejor salud mental y resiliencia cognitiva en los adultos mayores, lo que hace que la búsqueda de conocimientos sea un aspecto vital de una jubilación satisfactoria.

Además de las formas tradicionales de aprendizaje, los jubilados también pueden adoptar la educación informal. Leer libros, escuchar podcasts y ver documentales educativos son excelentes formas de adquirir conocimientos en un formato más flexible. Muchos jubilados encuentran placer en unirse a clubes de lectura o grupos de debate, donde pueden compartir ideas y participar en conversaciones reflexivas sobre diversos temas. Estas interacciones no solo mejoran la comprensión, sino que también fomentan las conexiones sociales, combatiendo los sentimientos de aislamiento que algunas personas pueden experimentar durante la jubilación.

Otra vía poderosa para adquirir conocimientos es la participación comunitaria y el voluntariado. Muchas organizaciones ofrecen programas de capacitación o talleres que brindan conocimientos y habilidades valiosas. Los jubilados pueden participar en iniciativas de servicio comunitario y, al mismo tiempo, aprender sobre los problemas que enfrentan sus comunidades, como la pobreza, la atención médica o los desafíos ambientales. Este enfoque práctico del aprendizaje no solo beneficia a los jubilados, sino que también enriquece a las comunidades en las que prestan servicios.

Además, la era digital ha transformado el acceso al conocimiento, haciendo posible que los jubilados aprendan desde la comodidad de sus hogares. Las plataformas en línea como Coursera, edX y Khan Academy ofrecen una amplia gama de cursos sobre diversos temas, lo que permite a los jubilados adaptar sus experiencias de aprendizaje según sus intereses y horarios. El uso de estos recursos permite a los jubilados conectarse con una comunidad global de estudiantes, lo que enriquece sus perspectivas y amplía sus horizontes.

La búsqueda de conocimiento en la vejez también puede ser una experiencia profundamente espiritual. Muchos jubilados recurren a la literatura islámica y exploran las obras de eruditos y pensadores a lo largo de la historia. La lectura de libros sobre filosofía, ética y espiritualidad islámicas puede proporcionar valiosas perspectivas sobre la naturaleza de la existencia, el propósito y el más allá. Esta exploración fomenta una conexión más profunda con la fe y puede inspirar a los jubilados a incorporar nuevas prácticas a sus vidas, como una mayor oración, reflexión y actos de caridad.

A medida que los jubilados buscan el conocimiento, también tienen la oportunidad de compartir lo que aprenden con sus familias y comunidades. Este acto de enseñar y compartir es una forma poderosa de reforzar los valores del aprendizaje permanente. Los abuelos pueden hacer que sus nietos participen en debates sobre historia, ciencia o enseñanzas islámicas, creando un legado de conocimiento que trascienda generaciones. Este intercambio intergeneracional fomenta los vínculos entre los miembros de la familia e inculca la importancia de la educación y la curiosidad en las generaciones más jóvenes.

Además, participar en iniciativas de intercambio de conocimientos puede tener un profundo impacto en la comunidad. Los jubilados pueden organizar talleres, conferencias o grupos de debate en mezquitas o centros comunitarios locales, donde comparten su experiencia y conocimientos con otros. Esto no solo contribuye al conocimiento colectivo de la comunidad, sino que también les permite asumir funciones de liderazgo y seguir siendo participantes activos en la sociedad.

Uno de los aspectos más hermosos de la búsqueda de conocimiento en la vejez es reconocer que el aprendizaje no se detiene, sino que evoluciona. Los jubilados pueden descubrir nuevas pasiones o intereses que no habían explorado antes debido a las exigencias de la vida. Ya sea aprender un nuevo idioma, aprender a tocar un instrumento musical o adentrarse en la escritura creativa, las posibilidades son infinitas. Esta exploración de nuevos caminos fomenta una sensación de satisfacción y entusiasmo, transformando la jubilación en un momento de crecimiento y descubrimiento personal.

Además, el camino de búsqueda del conocimiento también puede fomentar una actitud de humildad. Cuanto más aprendemos, más nos damos cuenta de la inmensidad del conocimiento que aún nos queda por adquirir. Esta comprensión puede cultivar un sentido de gratitud y aprecio por el proceso de aprendizaje en sí mismo. Refuerza la idea de que el conocimiento es un viaje continuo, donde cada descubrimiento abre la puerta a más preguntas y a más exploración.

También es esencial que los jubilados aborden la búsqueda del conocimiento con intención. Establecer metas específicas para el aprendizaje, ya sea leer una cierta cantidad de libros cada mes o inscribirse en cursos, puede brindar estructura y motivación. Reflexionar sobre los intereses y aspiraciones personales puede guiar la dirección de este viaje de aprendizaje, convirtiéndolo en una tarea gratificante y con un propósito.

Por último, a medida que los jubilados se embarcan en la búsqueda del conocimiento, es fundamental recordar la importancia de equilibrar el aprendizaje con el descanso y el cuidado personal. Si bien la sed de conocimiento es encomiable, no debe darse a expensas del bienestar físico y mental. Incorporar momentos de reflexión, relajación y cuidado personal garantiza que la búsqueda del conocimiento sea una experiencia holística que nutra la mente, el cuerpo y el espíritu.

En conclusión, la búsqueda de conocimiento en la vejez es un aspecto vital y enriquecedor de la experiencia de jubilación, en particular desde una perspectiva islámica. Las enseñanzas del Islam fomentan el aprendizaje permanente, haciendo hincapié en su importancia en cada etapa de la vida. Para los jubilados, esta búsqueda ofrece una oportunidad de crecimiento espiritual, compromiso intelectual y conexiones significativas con la familia y la comunidad. Al abrazar el camino del aprendizaje, los jubilados pueden transformar esta etapa de la vida en un momento de descubrimiento, satisfacción y contribución, dejando un legado de conocimiento que beneficiará a las generaciones futuras. La búsqueda del conocimiento, basada en la sinceridad y la intención, garantiza que la jubilación no sea solo una conclusión, sino un nuevo comienzo lleno de infinitas posibilidades.

El bienestar físico en el Islam

El bienestar físico es un aspecto esencial de una vida equilibrada, y el Islam hace especial hincapié en la importancia de mantener una buena salud. El cuerpo se considera un encargo (amanah) de Alá, y se anima a los musulmanes a cuidarlo mediante una nutrición adecuada, ejercicio y una vida sana. En este capítulo, exploraremos las enseñanzas islámicas sobre el bienestar físico, la importancia de un estilo de vida saludable y las formas prácticas en que los jubilados pueden mejorar su salud física de acuerdo con su fe.

Las enseñanzas islámicas destacan la importancia de la salud física como medio para cumplir con los deberes y responsabilidades religiosas. El Profeta Muhammad (la paz sea con él) dijo: "Un creyente fuerte es mejor y más amado por Dios que un creyente débil, ya que ambos tienen algo de bueno". Este hadiz enfatiza que la fortaleza, tanto física como espiritual, es valorada en el Islam. Mantener una buena salud permite a las personas participar más plenamente en actos de adoración, servicio comunitario y responsabilidades familiares.

La nutrición es un componente fundamental del bienestar físico. El Corán ofrece orientación sobre los hábitos alimentarios y anima a los musulmanes a consumir alimentos sanos y nutritivos. Alá dice: "¡Oh, creyentes! Comed de las cosas buenas que os hemos provisto" (Corán 2:172). Este versículo sirve como recordatorio para priorizar los alimentos saludables y naturales por sobre las opciones procesadas y dañinas. La dieta islámica enfatiza la moderación, el equilibrio y la variedad, y anima a las personas a consumir frutas, verduras, cereales integrales y proteínas magras.

A medida que los jubilados reflexionan sobre sus opciones alimentarias, pueden beneficiarse de revisar los principios de la nutrición islámica. Un enfoque eficaz es planificar comidas que incorporen una amplia gama de nutrientes, asegurando que el cuerpo reciba las vitaminas y minerales necesarios para funcionar de manera óptima. Esto puede incluir la preparación de comidas ricas en antioxidantes, fibra y grasas saludables, todo lo cual contribuye a la salud y vitalidad en general. Además, los jubilados pueden aprovechar la oportunidad de aprender métodos de cocina tradicionales, adoptando platos culturales que promuevan la salud y el bienestar.

Otro aspecto esencial del bienestar físico es el ejercicio regular. El Profeta Muhammad (la paz sea con él) fomentaba la actividad física al afirmar: "Tu cuerpo tiene derecho sobre ti". Realizar actividad física de forma regular ayuda a mantener un peso saludable, mejora la salud cardiovascular y mejora el bienestar mental. Para los jubilados, esto puede incluir actividades como caminar, nadar, andar en bicicleta o participar en clases de gimnasia grupales adaptadas a sus capacidades.

Los jubilados también pueden explorar actividades que se alineen con los principios islámicos, como deportes o actividades al aire libre. Participar en actividades físicas con familiares o amigos fomenta las conexiones sociales y crea un sentido de comunidad. Por ejemplo, organizar caminatas familiares o participar en ligas deportivas comunitarias no solo promueve la salud física, sino que también fortalece los vínculos con los seres queridos.

También es importante incorporar las prácticas islámicas al bienestar físico. Por ejemplo, realizar las cinco oraciones diarias (Salah) implica movimiento físico y puede contribuir a la condición física general. El acto de estar de pie, inclinarse y postrarse durante la oración involucra varios grupos musculares, lo que promueve la flexibilidad y la fuerza. Los jubilados pueden aprovechar esta oportunidad para ser conscientes de su postura y movimientos durante la oración, lo que mejora los beneficios físicos de este acto esencial de adoración.

El bienestar mental está íntimamente relacionado con la salud física. El estrés y la ansiedad pueden afectar negativamente al bienestar general de una persona, por lo que es esencial que los jubilados desarrollen estrategias de afrontamiento que fomenten la resiliencia mental. El Islam fomenta prácticas como el dhikr (recuerdo de Alá), la oración y la reflexión como medios para cultivar la paz interior y la tranquilidad. Practicar la atención plena y la meditación puede mejorar aún más la claridad mental y la estabilidad emocional.

Además, las conexiones sociales desempeñan un papel fundamental en el mantenimiento de la salud física y mental. Establecer y fomentar relaciones con familiares, amigos y miembros de la comunidad puede brindar apoyo emocional y un sentido de pertenencia. Los jubilados pueden aprovechar su nuevo tiempo para reconectarse con sus seres queridos, participar en eventos comunitarios o hacer voluntariado, todo lo cual contribuye al bienestar emocional.

El sueño es otro factor fundamental para mantener la salud física. El profeta Muhammad (la paz sea con él) enfatizó la importancia del descanso al afirmar: "Tu cuerpo tiene derecho sobre ti". Establecer una rutina de sueño saludable es esencial para que los jubilados recarguen sus cuerpos y mentes. Crear un entorno de sueño tranquilo, practicar técnicas de relajación y mantener un horario de sueño constante puede mejorar la calidad del sueño, lo que en última instancia contribuye a una mejor salud general.

La hidratación es también un aspecto clave del bienestar físico que a menudo se pasa por alto. Beber cantidades adecuadas de agua es esencial para mantener las funciones corporales, favorecer la digestión y promover la salud de la piel. El Profeta Muhammad (la paz sea con él) recomendó beber agua con moderación, diciendo: "Comed y bebed, pero no seáis extravagantes". Los jubilados deben hacer un esfuerzo consciente para mantenerse hidratados durante todo el día, especialmente en climas más cálidos o durante la actividad física.

Las medidas de salud preventivas son fundamentales para que los jubilados mantengan su bienestar físico. Los controles regulares con profesionales de la salud, las vacunas y los exámenes pueden ayudar a detectar posibles problemas de salud de forma temprana. El Islam alienta a las personas a buscar tratamiento médico cuando sea necesario, reconociendo que cuidar de la propia salud es parte del cumplimiento de las propias responsabilidades. Al mantener una actitud proactiva en lo que respecta a su salud, los jubilados pueden controlar mejor las afecciones existentes y reducir el riesgo de futuras complicaciones de salud.

Además de la salud física, las enseñanzas islámicas fomentan el bienestar emocional y espiritual como componentes integrales de la salud general. Participar en actos de adoración, reflexionar sobre la propia vida y buscar el perdón contribuyen a una sensación de paz interior y plenitud. Los jubilados pueden adoptar estas prácticas como parte de sus rutinas diarias, incorporando momentos de gratitud y reflexión a sus vidas. Este enfoque holístico del bienestar fomenta una sensación de equilibrio, lo que permite a los jubilados prosperar en todos los aspectos de la vida.

Además, la comunidad desempeña un papel importante en el apoyo al bienestar físico de sus miembros. Los jubilados pueden aprovechar los recursos locales, como los clubes de salud, los grupos de caminatas o los programas de bienestar que ofrecen las mezquitas o los centros comunitarios. Al participar en estas iniciativas, los jubilados no solo pueden mejorar su salud física, sino también fortalecer sus vínculos con otras personas que comparten objetivos similares.

A medida que los jubilados se embarcan en su camino hacia el mantenimiento del bienestar físico, también deben ser conscientes de sus limitaciones y escuchar a sus cuerpos. Es esencial consultar con profesionales de la salud antes de realizar cambios en la dieta o las rutinas de ejercicio, asegurándose de que estos ajustes se alineen con las necesidades de salud individuales. Reconocer que el camino de cada persona es único permite a los jubilados abordar su salud con compasión y comprensión.

En conclusión, el bienestar físico es un aspecto vital de una vida plena en el Islam, y los jubilados tienen una oportunidad única de priorizar su salud en esta etapa de la vida. Al adoptar principios de nutrición, ejercicio, descanso y cuidados preventivos, los jubilados pueden cultivar un enfoque holístico del bienestar que honre la confianza que Alá ha depositado en ellos. Buscar conocimientos sobre la salud, participar en actividades físicas y fomentar las relaciones sociales puede mejorar la calidad de vida en general, lo que permite a los jubilados abrazar esta etapa con vitalidad y propósito. En última instancia, cuidar la propia salud física no solo beneficia al individuo, sino que también le permite servir a sus familias y comunidades de manera más eficaz, cumpliendo con sus responsabilidades islámicas mientras disfruta de las bendiciones de la vida.

Salud mental y emocional

La salud mental y emocional son componentes fundamentales del bienestar general y el Islam reconoce su importancia para llevar una vida plena. Las enseñanzas del Islam enfatizan la importancia del equilibrio y alientan a las personas a cultivar la resiliencia mental, la estabilidad emocional y una fuerte conexión con Alá. Este capítulo explorará la perspectiva islámica sobre la salud mental y emocional, los factores que influyen en el bienestar y las estrategias prácticas para que los jubilados mantengan y mejoren su salud mental y emocional.

El Corán ofrece una visión profunda de la naturaleza de la psique humana y de la importancia del bienestar mental. Alá enfatiza la necesidad de tener paciencia, gratitud y confianza en Él, que son esenciales para cultivar una actitud mental positiva. Un versículo dice: "En verdad, con las dificultades viene la facilidad" (Corán 94:6), recordando a los creyentes que los desafíos son una parte natural de la vida y que el alivio vendrá después. Esta perspectiva alienta a las personas a aceptar las dificultades con resiliencia, entendiendo que son oportunidades para crecer.

El Islam también hace mucho hincapié en la introspección y la autoconciencia. El profeta Muhammad (la paz sea con él) animó a sus seguidores a realizar una introspección periódica, afirmando: "Las mejores personas son aquellas que son más beneficiosas para los demás". Este principio destaca la importancia de comprenderse a uno mismo y a las propias emociones para contribuir positivamente a la comunidad. Para los jubilados, esto puede significar tomarse el tiempo para reflexionar sobre sus vidas, emociones y experiencias, lo que conduce a una mayor autoconciencia e inteligencia emocional.

Un factor importante que afecta la salud mental y emocional es la calidad de las relaciones. Las conexiones sociales sólidas brindan apoyo, consuelo y un sentido de pertenencia. El Islam fomenta el cultivo de relaciones saludables con la familia, los amigos y la comunidad. El

Profeta Muhammad (la paz sea con él) enfatizó la importancia de mantener los lazos de parentesco, al afirmar: "Quien desee abundancia en su provisión y una vida prolongada debe mantener los lazos de parentesco". Construir y nutrir las relaciones puede brindar apoyo emocional durante tiempos difíciles y mejorar el bienestar mental general.

Para los jubilados, esta puede ser una oportunidad para reconectarse con familiares y amigos, fomentando relaciones significativas que contribuyan a la estabilidad emocional. Las reuniones familiares periódicas, las llamadas telefónicas y las salidas sociales pueden fortalecer estos vínculos y crear una red de apoyo. Participar en actividades comunitarias o hacer voluntariado también puede brindar vías para formar nuevas conexiones y amistades, enriqueciendo la vida social.

Otro aspecto crucial de la salud mental y emocional es el manejo del estrés y la ansiedad. Las presiones de la vida diaria, los problemas de salud o los sentimientos de aislamiento pueden generar mayores niveles de estrés, lo que afecta el bienestar general. El Islam ofrece varias estrategias para lidiar con el estrés, entre ellas la oración (Salah), el recuerdo de Alá (dhikr) y la búsqueda de consuelo en el Corán. La oración regular no solo cumple con una obligación religiosa, sino que también es una herramienta poderosa para establecerse, promover la calma y fomentar una sensación de paz.

Los jubilados pueden incorporar técnicas de atención plena y relajación a sus rutinas diarias para controlar el estrés de manera eficaz. Prácticas como la respiración profunda, la meditación o el yoga suave pueden ayudar a aliviar la tensión y promover el bienestar emocional. Además, pasar tiempo en la naturaleza o participar en pasatiempos que brinden alegría pueden servir como eficaces aliviadores del estrés, lo que permite a las personas recargarse mental y emocionalmente.

La salud emocional también está estrechamente vinculada a la autocompasión y al diálogo interno positivo. La forma en que las personas se hablan a sí mismas influye en su estado mental y su perspectiva general de la vida. El Islam alienta a los creyentes a adoptar una actitud positiva y a ser amables consigo mismos, especialmente durante los momentos difíciles. El Profeta Muhammad (la paz sea con él) enfatizó la importancia de la bondad, al afirmar: "A los misericordiosos se les muestra misericordia". Practicar la autocompasión implica reconocer las propias luchas y tratarse a uno mismo con la misma amabilidad y comprensión que le ofreceríamos a un amigo.

Para los jubilados, esto puede significar aceptar sus experiencias de vida, celebrar los logros y aceptar las imperfecciones. Establecer metas realistas para el crecimiento personal, al tiempo que se reconocen los logros pasados, puede fomentar un sentido de propósito y satisfacción. Realizar autoafirmaciones positivas y rodearse de personas que brindan apoyo puede mejorar aún más la salud emocional.

Mantener una rutina saludable es esencial para el bienestar mental. La actividad física regular, una alimentación equilibrada y un sueño adecuado son factores fundamentales que contribuyen a la estabilidad emocional. Se ha demostrado que el ejercicio libera endorfinas, que mejoran el estado de ánimo y reducen los sentimientos de estrés y ansiedad. Los jubilados pueden beneficiarse de incorporar caminatas diarias, natación o ejercicios suaves a sus rutinas, lo que mejora tanto la salud física como la mental.

La nutrición también desempeña un papel fundamental en el bienestar mental. Consumir una dieta equilibrada rica en vitaminas, minerales y antioxidantes puede tener un impacto positivo en el estado de ánimo y la función cognitiva. Se ha demostrado que los alimentos como las frutas, las verduras, los cereales integrales y los ácidos grasos omega 3 mejoran la salud mental. Los jubilados pueden probar a cocinar comidas saludables, experimentar con nuevas recetas y compartir estas experiencias culinarias con familiares y amigos.

El sueño es otro elemento crucial para mantener la salud mental y emocional. Un sueño de calidad es esencial para la función cognitiva, la regulación del estado de ánimo y el bienestar general. Establecer una rutina relajante a la hora de acostarse, crear un entorno propicio para dormir y priorizar el descanso puede tener un impacto significativo en el estado emocional de una persona. Los jubilados deben reconocer la importancia del sueño y hacer ajustes en sus horarios para asegurarse de descansar lo suficiente.

También es esencial que los jubilados busquen ayuda cuando la necesiten. Los problemas de salud mental, como la depresión o la ansiedad, pueden afectar a personas de cualquier edad, y buscar apoyo profesional es una señal de fortaleza. El Islam alienta a buscar conocimiento y ayuda, y existen diversos recursos de salud mental disponibles para las personas que puedan estar pasando por dificultades. Participar en terapia o asesoramiento puede proporcionar herramientas valiosas para afrontar los desafíos emocionales y mejorar el bienestar mental.

Además, los jubilados pueden beneficiarse de participar en grupos de apoyo, donde pueden compartir experiencias y conectarse con otras personas que enfrentan desafíos similares. Estos grupos pueden brindar un sentido de comunidad y comprensión, reducir los sentimientos de aislamiento y promover la curación emocional.

La perspectiva islámica sobre la salud mental y emocional también enfatiza la importancia de la gratitud y la satisfacción. El Profeta Muhammad (la paz sea con él) enseñó que expresar gratitud por las bendiciones de Alá fomenta una actitud positiva ante la vida. Practicar la gratitud con regularidad (ya sea mediante la oración, un diario o una simple reflexión) puede mejorar el bienestar mental y promover una sensación de plenitud.

Además, los jubilados pueden centrarse en encontrar un propósito en sus vidas durante esta etapa. Participar en actividades significativas, ya sea mediante el voluntariado, la búsqueda de pasatiempos o la tutoría de generaciones más jóvenes, puede fomentar un sentido de propósito y pertenencia. Tener metas y aspiraciones, por pequeñas que sean, proporciona dirección y motivación, lo que contribuye a la salud mental general.

A medida que los jubilados atraviesan esta etapa de la vida, es esencial abordar la salud mental y emocional con paciencia y compasión. Reconocer que las fluctuaciones en el estado de ánimo y los sentimientos son naturales permite a las personas ser más indulgentes con ellas mismas. Esta perspectiva fomenta la resiliencia y alienta a los jubilados a buscar la alegría en los momentos cotidianos y, al mismo tiempo, a enfrentar los desafíos con gracia.

En conclusión, la salud mental y emocional es un aspecto vital del bienestar general en el Islam, y los jubilados tienen oportunidades únicas de priorizar esta dimensión de sus vidas. Al cultivar las relaciones, controlar el estrés, practicar la autocompasión y buscar el conocimiento, los jubilados pueden cultivar una vida emocional equilibrada y plena. Adoptar las enseñanzas islámicas, participar en la autorreflexión y fomentar las conexiones con los demás puede empoderar a los jubilados para atravesar esta etapa de la vida con resiliencia y propósito. En última instancia, priorizar la salud mental y emocional permite a los jubilados llevar una vida rica en significado, alegría y satisfacción espiritual, en consonancia con el enfoque holístico del bienestar que defiende el Islam.

Preparándose para la otra vida

En el Islam, la vida después de la muerte es un aspecto fundamental de la creencia, que configura el marco moral y ético de la vida de un musulmán. El concepto de una vida después de la muerte enfatiza la responsabilidad, la recompensa y el castigo, influyendo en cómo las personas viven sus vidas en la Tierra. Para los jubilados, esta etapa de la vida a menudo invita a una reflexión más profunda sobre asuntos espirituales y la preparación para el más allá. Este capítulo explorará las enseñanzas islámicas sobre la vida después de la muerte, la importancia de prepararse para ella y los pasos prácticos que los jubilados pueden tomar para asegurarse de que están espiritualmente preparados para lo que les espera más allá.

El Corán y los hadices nos brindan una visión profunda de la naturaleza de la otra vida. Alá describe el Día del Juicio como un momento en el que todos los individuos serán responsables de sus actos, como se afirma en el Corán: "El día que el injusto se muerda las manos en señal de arrepentimiento, dirá: "¡Ojalá hubiera seguido el camino del Mensajero!"" (Corán 25:27). Este versículo enfatiza la urgencia de la preparación, recordando a los creyentes que las decisiones que tomen durante su vida tendrán consecuencias eternas.

Para los jubilados, esta toma de conciencia puede servir como catalizador de la renovación espiritual. Al reflexionar sobre su vida, pueden evaluar sus acciones, sus intenciones y el legado que desean dejar. Este período de introspección puede fomentar una conexión más profunda con Alá, impulsando a las personas a buscar el perdón por las transgresiones pasadas y a esforzarse por ser rectas en los años que les quedan de vida.

Una de las prácticas fundamentales para prepararse para la otra vida es realizar actos de adoración con regularidad. Los cinco pilares del Islam (la fe, la oración, el zakat, el ayuno y la peregrinación) forman la base de la fe y la práctica del musulmán. Los jubilados deben asegurarse de defender estos pilares diligentemente, reconociendo que cada acto de adoración contribuye a su crecimiento espiritual y los acerca a Alá.

La oración, en particular, sirve como una línea directa de comunicación con Alá. Realizar regularmente las cinco oraciones diarias fomenta la atención plena y la gratitud, recordando a los jubilados su dependencia de Alá. Además de las oraciones obligatorias, participar en oraciones voluntarias (Nafl) y hacer súplicas (Dua) puede mejorar la conexión espiritual. Los jubilados pueden encontrar consuelo al dedicar tiempo adicional a la oración, utilizando los momentos de soledad para buscar guía y perdón.

La caridad (Zakat y Sadaqah) tiene una gran importancia en el Islam, ya que actúa como un medio para purificar la riqueza y beneficiar a los demás. El Profeta Muhammad (la paz sea con él) afirmó: "Las mejores personas son aquellas que aportan el mayor beneficio a los demás". Para los jubilados, participar en actos de caridad puede ser una forma profunda de prepararse para la otra vida. Esto puede incluir donaciones regulares a organizaciones benéficas, patrocinar huérfanos o dedicar su tiempo y sus habilidades como voluntarios para ayudar a los necesitados. Tales actos no solo contribuyen al bienestar de los demás, sino que también elevan la propia posición ante Dios.

El ayuno durante el Ramadán es otra práctica esencial que fomenta la disciplina espiritual y el autocontrol. Para los jubilados, puede ser una oportunidad para profundizar su conexión con Alá a través de la reflexión y el arrepentimiento. Además, realizar ayunos voluntarios fuera del Ramadán puede servir como expresión de gratitud y devoción.

La peregrinación a La Meca (Hajj) es un viaje espiritual que cambia la vida y que todo musulmán debe realizar al menos una vez en la vida, si es posible. Para los jubilados, reflexionar sobre el significado del Hajj puede profundizar su comprensión de la humildad y la sumisión a Alá. Incluso si no pueden realizar el Hajj, pueden participar en la Umrah (peregrinación menor) o apoyar a quienes realizan el viaje mediante asistencia financiera o la oración.

Además de los actos de adoración, la búsqueda del conocimiento es un aspecto vital de la preparación para la otra vida. El Profeta Muhammad (la paz sea con él) dijo: "Buscar el conocimiento es una obligación de todo musulmán". Participar en estudios islámicos, leer el Corán y asistir a conferencias puede mejorar la comprensión de la fe y las enseñanzas relacionadas con la otra vida. Este conocimiento proporciona a los jubilados las ideas necesarias para afrontar los desafíos de la vida y los prepara para el viaje que les espera.

Reflexionar sobre los conceptos de Paraíso (Yannah) e Infierno (Jahannam) también puede inspirar a los jubilados a alinear sus vidas con las enseñanzas islámicas. El Corán describe el Paraíso como un lugar de felicidad eterna, mientras que el Infierno sirve como advertencia para quienes rechazan la fe y cometen pecados graves. Comprender estas realidades puede motivar a los jubilados a buscar el perdón, evitar la conducta pecaminosa y esforzarse por realizar acciones rectas.

Otro aspecto crucial de la preparación para la otra vida es mantener un buen carácter y una buena conducta. El Profeta Muhammad (la paz sea con él) enfatizó la importancia del carácter en el Islam, al afirmar: "Fui enviado para perfeccionar el buen carácter". Los jubilados pueden centrarse en encarnar cualidades como la amabilidad, la paciencia, la humildad y la honestidad en sus interacciones con los demás. Entablar relaciones positivas y resolver conflictos de manera amistosa puede contribuir a un legado de buena voluntad que perdure más allá de su vida.

El perdón desempeña un papel importante en el bienestar emocional y espiritual. El Corán alienta a los creyentes a perdonar a los demás, diciendo: "Que perdonen y pasen por alto lo que han hecho. ¿No querrían que Dios los perdonara? Dios es indulgente, misericordioso" (Corán 24:22). Los jubilados deberían reflexionar sobre sus relaciones y tratar de reparar los lazos rotos, fomentando un entorno de paz y reconciliación. Dejar atrás los rencores y aceptar el perdón no solo purifica el corazón, sino que también prepara el alma para la otra vida.

A medida que los jubilados se preparan para la otra vida, también deben considerar su testamento y la distribución de su riqueza. El Islam alienta a los creyentes a dejar claras sus intenciones con respecto a su patrimonio, asegurándose de que su riqueza se distribuya de acuerdo con las pautas islámicas. Redactar un testamento y discutir las intenciones con la familia puede aliviar posibles conflictos y garantizar que se respeten los deseos de la persona después de su fallecimiento.

Además, es esencial que los jubilados dialoguen con sus familias sobre la muerte y el más allá. Las conversaciones abiertas sobre la mortalidad pueden fomentar un sentido de aceptación y preparación. Al compartir sus creencias y valores, los jubilados pueden transmitir sabiduría a las generaciones más jóvenes, creando un legado de fe que trascienda el tiempo.

Además de la preparación espiritual, hay medidas prácticas que pueden mejorar la preparación de un jubilado para la otra vida. Visitar regularmente las tumbas, en particular las de los seres queridos, sirve como recordatorio de la mortalidad y alienta la reflexión sobre la propia vida. El Profeta Muhammad (la paz sea con él) aconsejó visitar las tumbas para recordarnos el más allá. Esas visitas pueden inspirar gratitud por la vida y motivar a las personas a realizar buenas obras.

Mantener la salud física también es esencial para prepararse para la otra vida. Un cuerpo sano permite a las personas cumplir con sus obligaciones religiosas y participar en actos de culto. Al priorizar el bienestar físico mediante una nutrición adecuada, ejercicio y cuidados preventivos, los jubilados pueden maximizar su capacidad para servir a Alá y a su comunidad.

El bienestar emocional desempeña un papel fundamental en la preparación espiritual. Cultivar una actitud positiva y practicar la gratitud puede mejorar la resiliencia y la aceptación de los desafíos de la vida. El Profeta Muhammad (la paz sea con él) enseñó que la satisfacción es una bendición. Los jubilados deben esforzarse por centrarse en las bendiciones de su vida y expresar gratitud tanto por los desafíos como por las alegrías que han encontrado.

Por último, los jubilados pueden encontrar consuelo en establecer una rutina constante de rememoración (dhikr) y recitación del Corán. La participación en estas prácticas cultiva un sentido de cercanía a Alá y refuerza la fe. Al dedicar tiempo a reflexionar sobre los atributos de Alá, los jubilados pueden profundizar su comprensión de Su misericordia y compasión, fomentando un sentido de esperanza mientras se preparan para la otra vida.

En conclusión, prepararse para la otra vida es un aspecto vital de la vida de un musulmán, especialmente durante la jubilación. Esta etapa ofrece a los jubilados la oportunidad de reflexionar sobre sus vidas, participar en actos de adoración, buscar conocimiento y fomentar relaciones significativas. Al adoptar las enseñanzas islámicas e incorporar prácticas que promuevan el crecimiento espiritual, los jubilados pueden cultivar un sentido de preparación para el más allá. El viaje hacia la otra vida no se trata únicamente de prepararse para la muerte, sino también de vivir una vida que honre la confianza que Alá les ha otorgado. A través de acciones intencionales, bienestar emocional y un compromiso con la rectitud, los jubilados pueden asegurarse de que su legado sea de fe, amor y compasión, allanando el camino para un viaje gratificante hacia el más allá.

Hajj y Umrah en el retiro

La peregrinación a La Meca, conocida como Hajj, es uno de los cinco pilares del Islam y tiene un significado único para los musulmanes de todo el mundo. Para los jubilados, la oportunidad de realizar el Hajj o la Umrah puede ser un profundo viaje espiritual, que ofrece una oportunidad de renovación, reflexión y una conexión más profunda con Alá. En este capítulo se analizará la importancia del Hajj y la Umrah, las experiencias transformadoras asociadas a estas peregrinaciones y consideraciones prácticas para los jubilados que emprenden este viaje sagrado.

El Hajj es obligatorio para todo musulmán que tenga la capacidad física y económica para realizarlo al menos una vez en su vida. Tiene lugar durante el mes islámico de Dhu al-Hijjah e incluye una serie de rituales que se realizan en La Meca y sus alrededores. El significado del Hajj va más allá del viaje físico; simboliza la purificación espiritual, la unidad entre los musulmanes y la sumisión a Alá. La experiencia de estar de pie en oración en Arafat, por ejemplo, es un poderoso recordatorio del Día del Juicio, donde todos los creyentes se reunirán ante su Creador.

Para los jubilados, realizar el Hajj puede ser una oportunidad para cumplir un sueño largamente acariciado y vivir una experiencia espiritual transformadora. Esta peregrinación sirve como un momento de introspección, que permite a las personas reflexionar sobre sus vidas, buscar el perdón y renovar su compromiso con su fe. Los rituales del Hajj, como el Tawaf (circunvalación de la Kaaba) y el Sa'i (caminata entre las colinas de Safa y Marwah), son actos profundamente simbólicos que refuerzan los principios de devoción y humildad.

Muchos jubilados se acercan al Hajj con un sentimiento de anticipación y gratitud, ya que esta peregrinación puede representar la culminación de años de fe y devoción. El acto de estar en la Gran Mezquita, rodeado de otros peregrinos de todo el mundo, crea una abrumadora sensación de unidad y pertenencia. Los jubilados a menudo descubren que esta experiencia compartida fortalece su fe y mejora su comprensión del Islam, ya que son testigos de la diversidad de la Ummah musulmana.

La Umrah, aunque no es obligatoria, es una peregrinación muy recomendable que se puede realizar en cualquier época del año. Consiste en rituales similares al Hajj, aunque en un formato más breve. Para muchos jubilados, realizar la Umrah puede ser una forma más accesible de experimentar los beneficios espirituales de la peregrinación, especialmente si la salud o las limitaciones económicas hacen que el Hajj sea un desafío.

El acto de realizar la Umrah permite a los jubilados dedicarse al culto y la reflexión sin las limitaciones de tiempo y las presiones de la temporada del Hajj. Muchos consideran que realizar la Umrah sirve como un medio de rejuvenecimiento, brindándoles la oportunidad de reconectarse con su fe y buscar la misericordia y la guía de Dios.

La preparación para el Hajj y la Umrah es crucial, especialmente para los jubilados. Es importante comprender las exigencias físicas de la peregrinación, ya que los rituales pueden ser físicamente exigentes. El ejercicio regular y el mantenimiento de una buena salud antes del viaje pueden mejorar significativamente la experiencia. Se recomienda a los jubilados que consulten con proveedores de atención médica para asegurarse de que están físicamente preparados para el viaje, en particular si tienen problemas de salud preexistentes.

Además de la preparación física, es esencial estar mental y espiritualmente preparados. Los jubilados deben tomarse un tiempo para reflexionar sobre sus intenciones para la peregrinación y establecer metas espirituales que esperan alcanzar. Ya sea que se trate de buscar el perdón, expresar gratitud o hacer súplicas por los seres queridos, la claridad de propósito puede enriquecer la experiencia de la peregrinación. Estudiar los rituales, sus significados y el contexto histórico de la peregrinación también puede mejorar la comprensión y la apreciación del viaje.

Otro aspecto importante a tener en cuenta es el aspecto logístico del viaje. Los jubilados deben planificar su viaje con cuidado y elegir agencias de viajes fiables que se especialicen en paquetes para el Hajj y la Umrah. Estas agencias suelen ofrecer un apoyo valioso, que incluye alojamiento, transporte y orientación durante toda la peregrinación. Al elegir una agencia de confianza, los jubilados pueden centrarse en su viaje espiritual sin el estrés añadido de gestionar la logística.

Durante la peregrinación, los jubilados pueden descubrir que sus experiencias difieren de las de los peregrinos más jóvenes. Si bien las exigencias físicas pueden presentar desafíos, los conocimientos espirituales adquiridos pueden ser profundos. La oportunidad de participar en el culto en lugares importantes, como la Kaaba, el Monte Arafat y la mezquita de Medina, ofrece a los jubilados la oportunidad de profundizar su conexión con su fe. Muchos descubren que los rituales brindan momentos de reflexión y gratitud que resuenan profundamente en sus corazones.

La experiencia del Hajj y la Umrah también puede servir como catalizador para el crecimiento y la transformación personal. Los jubilados a menudo dicen sentir una renovada sensación de propósito y claridad después de completar su peregrinación. El viaje inculca una comprensión más profunda de la impermanencia de la vida y la importancia de vivir de acuerdo con los principios islámicos. Al regresar a casa, muchos jubilados se sienten obligados a compartir sus experiencias y nuevos conocimientos con familiares y amigos, inspirando a otros a reflexionar sobre sus propios viajes espirituales.

Además de los beneficios espirituales, el Hajj y la Umrah brindan a los jubilados la oportunidad de fortalecer los vínculos familiares. Muchas familias optan por realizar la peregrinación juntas, creando recuerdos duraderos y experiencias espirituales compartidas. El aspecto comunitario de la peregrinación fomenta un sentido de unidad y conexión, reforzando los valores del amor y el apoyo que son fundamentales para las enseñanzas islámicas.

Al regresar a casa, se anima a los jubilados a reflexionar sobre su experiencia de peregrinación e integrar las lecciones aprendidas en su vida diaria. Esto puede implicar establecer prácticas espirituales regulares, como aumentar la oración, leer el Corán o participar en actos de caridad. El poder transformador del Hajj y la Umrah puede conducir a cambios duraderos en la conducta y la perspectiva de la vida, ya que los jubilados se esfuerzan por encarnar los valores de la compasión, la gratitud y la fe en sus interacciones cotidianas.

Las enseñanzas del Islam destacan la importancia de compartir los conocimientos y las experiencias adquiridas en la peregrinación. Los jubilados pueden desempeñar un papel importante como mentores de las generaciones más jóvenes, ofreciéndoles orientación sobre el significado espiritual del Hajj y la Umrah y alentándolos a emprender el viaje cuando sea el momento adecuado. Al compartir historias y reflexiones, los jubilados pueden inspirar a otros a apreciar la importancia de la peregrinación y su impacto en el crecimiento personal.

En definitiva, el Hajj y la Umrah no son sólo viajes físicos, sino experiencias espirituales profundas que invitan a los musulmanes a conectarse con Alá y a reflexionar sobre sus vidas. Para los jubilados, estas peregrinaciones representan una oportunidad única de abrazar las bendiciones de su fe, buscar el perdón y reafirmar su compromiso con una vida guiada por los principios islámicos. Mediante una preparación cuidadosa, una reflexión profunda y un enfoque en el crecimiento espiritual, los jubilados pueden abordar el Hajj y la Umrah como viajes transformadores que enriquecen sus vidas y las de quienes los rodean. Al participar en estos rituales sagrados, los jubilados descubrirán que la peregrinación no sólo ofrece un camino hacia la realización espiritual, sino también un legado duradero de fe que resuena a través de las generaciones.

La gestión de las finanzas según los principios islámicos

La gestión de las finanzas de acuerdo con los principios islámicos es esencial para los musulmanes que buscan llevar una vida acorde con su fe. A medida que las personas se jubilan, la gestión financiera se vuelve cada vez más importante, lo que les permite garantizar su bienestar y, al mismo tiempo, adherirse a las enseñanzas islámicas. En este capítulo se explorarán los principios fundamentales de las finanzas islámicas, las estrategias prácticas para los jubilados y la importancia de las prácticas financieras éticas para lograr una vida equilibrada.

Las finanzas islámicas tienen sus raíces en el Corán y en las enseñanzas del profeta Mahoma (la paz sea con él). En el centro de estas enseñanzas está el concepto de justicia y equidad en las transacciones financieras. Se anima a los musulmanes a participar en actividades financieras que promuevan el bienestar social y a evitar prácticas consideradas perjudiciales o explotadoras. Por ejemplo, la prohibición de la riba (interés) subraya la importancia de la equidad en los préstamos y en los préstamos. En lugar de ganar dinero a través de los intereses, se anima a los musulmanes a participar en acuerdos de participación en las ganancias e inversiones éticas que contribuyan al desarrollo de la comunidad.

Uno de los principios fundamentales de las finanzas islámicas es el concepto de compartir el riesgo. A diferencia de las finanzas convencionales, que suelen hacer hincapié en la obtención de beneficios garantizados, las finanzas islámicas promueven asociaciones en las que se comparten los riesgos y las recompensas. Este principio fomenta la cooperación y la responsabilidad social, alineando los intereses financieros con el bienestar de la comunidad. Para los jubilados, realizar inversiones que reflejen estos principios puede proporcionar seguridad financiera y satisfacción espiritual.

La elaboración de un presupuesto es un aspecto fundamental de la gestión financiera de los jubilados. Crear un presupuesto que refleje tanto los ingresos como los gastos ayuda a las personas a mantener el control de sus finanzas y evitar deudas innecesarias. En el Islam, se hace hincapié en la importancia de la moderación y de evitar los derroches. El Profeta Muhammad (la paz sea con él) enseñó: "Comed y bebed, pero no seáis extravagantes". Este principio anima a los jubilados a vivir dentro de sus posibilidades, a priorizar los gastos esenciales y a evitar los derroches.

Los jubilados deben tener en cuenta sus fuentes de ingresos al elaborar un presupuesto. Esto puede incluir pensiones, ahorros, inversiones o cualquier trabajo a tiempo parcial. Es esencial evaluar estas fuentes y crear un presupuesto realista que incluya los gastos diarios, la atención médica y las actividades de ocio, y que al mismo tiempo garantice fondos suficientes para caridad y gastos inesperados.

La caridad, o zakat, es otro aspecto fundamental de la gestión financiera en el Islam. Los musulmanes tienen la obligación de dar una parte de su riqueza a los necesitados, lo que sirve para purificar la riqueza y promover la equidad social. Los jubilados deberían incorporar el zakat en su planificación financiera, calculando la cantidad adeudada anualmente en función de su riqueza. Esta práctica no sólo cumple con una obligación religiosa, sino que también fomenta un sentido de comunidad y conexión con los menos afortunados.

Invertir de manera ética es crucial para los jubilados que buscan aumentar su patrimonio respetando los principios islámicos. Las finanzas islámicas fomentan las inversiones que se ajustan a los estándares éticos, evitando las industrias que participan en actividades prohibidas por el Islam, como el alcohol, el juego o la usura. Los jubilados deben buscar oportunidades de inversión que cumplan con la sharia, como bienes raíces, acciones éticas o fondos mutuos que respeten los principios islámicos.

La participación en inversiones comunitarias también puede ser una estrategia financiera gratificante. Apoyar a empresas o iniciativas locales que promuevan el desarrollo económico se alinea con los principios de compartir riesgos y responsabilidad social. Estas inversiones no solo brindan posibles retornos financieros, sino que también contribuyen al bienestar general de la comunidad.

Los jubilados también deberían priorizar la gestión de la deuda. Si bien el Islam no prohíbe el endeudamiento, sí hace hincapié en las prácticas de endeudamiento responsables y el pago puntual de las deudas. Los jubilados deberían procurar minimizar la deuda, evitando los préstamos con intereses elevados y las deudas con tarjetas de crédito. Si se encuentran endeudados, desarrollar un plan de pago que priorice la reducción de las obligaciones puede aliviar el estrés financiero.

Además de administrar las finanzas actuales, es esencial planificar las necesidades futuras. Esto implica considerar los costos de atención médica, los cuidados a largo plazo y cualquier cambio potencial en los ingresos. Los jubilados deben explorar opciones como el seguro médico, los ahorros para gastos médicos y la planificación patrimonial para asegurarse de que sus asuntos financieros estén en orden. Redactar un testamento que refleje los principios islámicos es vital, ya que garantiza que la riqueza de una persona se distribuya de acuerdo con la ley Sharia después de su fallecimiento.

Los ahorros de emergencia son otro componente fundamental de la gestión financiera. Tener un colchón financiero puede brindar tranquilidad y evitar la dependencia de las deudas en circunstancias inesperadas. Los jubilados deben procurar reservar una parte de sus ingresos para emergencias, asegurándose de estar preparados para eventos imprevistos y manteniendo la estabilidad financiera.

Además, la educación financiera es fundamental para los jubilados. Comprender los principios financieros básicos, las opciones de inversión y la planificación de la jubilación puede ayudar a los jubilados a tomar decisiones informadas. Muchas organizaciones ofrecen recursos y talleres sobre finanzas islámicas, que brindan conocimientos valiosos que pueden ayudar a los jubilados a administrar sus finanzas de manera eficaz.

Los jubilados también pueden beneficiarse de buscar el asesoramiento de profesionales financieros especializados en finanzas islámicas. Estos expertos pueden ofrecer orientación sobre estrategias de inversión, planificación de la jubilación y prácticas financieras éticas, garantizando que los jubilados tomen decisiones acordes con su fe.

No se puede exagerar la importancia de la transparencia en las transacciones financieras. El Islam fomenta la honestidad y la integridad en todas las transacciones. Los jubilados deben asegurarse de que sus acuerdos y contratos sean claros, evitando cualquier forma de engaño o explotación. Este principio no solo fomenta la confianza, sino que también refuerza la base ética de la gestión financiera.

A medida que los jubilados transitan su camino financiero, también deben tener presente la importancia de la gratitud y la satisfacción. El Islam enseña que la verdadera riqueza reside en la apreciación de lo que uno tiene, más que en la acumulación de posesiones materiales. Los jubilados pueden cultivar una mentalidad de gratitud reflexionando sobre sus bendiciones y concentrándose en los aspectos no materiales de la vida que brindan alegría y satisfacción.

En resumen, la gestión de las finanzas según los principios islámicos es esencial para los jubilados que buscan llevar una vida íntegra y con un propósito. Al adoptar prácticas financieras éticas, participar en presupuestos responsables y priorizar los actos de caridad, los jubilados pueden lograr estabilidad financiera y, al mismo tiempo, defender su fe. Invertir en oportunidades éticas, gestionar la deuda y planificar el futuro contribuyen aún más a una vida financiera equilibrada y satisfactoria. En última instancia, al integrar las enseñanzas islámicas en la gestión financiera, los jubilados pueden transitar sus caminos financieros con confianza, propósito y un profundo sentido de realización espiritual.

Zakat y jubilación

El zakat, uno de los cinco pilares del Islam, es una forma de caridad obligatoria que tiene una enorme importancia para los musulmanes. Sirve como un medio para purificar la riqueza y redistribuir los recursos entre los necesitados, encarnando los principios de justicia social y apoyo comunitario. Para los jubilados, comprender y cumplir la obligación del zakat es esencial no solo para el crecimiento espiritual, sino también para contribuir positivamente a la sociedad durante una etapa de la vida en la que uno puede tener más tiempo y recursos para compartir. Este capítulo explorará los principios del zakat, las consideraciones específicas para los jubilados y cómo la participación en el zakat puede mejorar su experiencia de jubilación.

El zakat se define como una porción específica de la riqueza de una persona, generalmente el 2,5% de los ahorros y activos acumulados, que se entrega a destinatarios elegibles, como los pobres, los necesitados o los endeudados. La práctica del zakat tiene múltiples propósitos: purifica la riqueza de una persona, fomenta la empatía por los menos afortunados y fortalece los lazos comunitarios. Alá enfatiza la importancia del zakat en el Corán, al afirmar: "Y establece la oración y da el zakat" (Corán 2:43). Este mandato divino ilustra que el zakat no es simplemente un acto de caridad; es un aspecto fundamental de la fe y el deber de un musulmán.

Para los jubilados, el zakat ofrece una oportunidad de relacionarse con su comunidad y cumplir con una obligación religiosa que puede haber sido más difícil durante sus años de trabajo. A medida que las personas se jubilan, sus circunstancias financieras suelen cambiar. Este período puede presentar una nueva estabilidad financiera, mayores ahorros o un ingreso más flexible. Como resultado, los jubilados están en una posición única para calcular y distribuir su zakat de manera efectiva.

Para calcular el zakat es necesario evaluar cuidadosamente el patrimonio de la persona, incluidos los ahorros, las inversiones, las propiedades y otros activos. Los jubilados deben tomarse el tiempo de revisar sus finanzas y asegurarse de tener en cuenta todos los activos aplicables. Este conocimiento integral permite a los jubilados determinar con precisión su obligación de pagar el zakat y garantizar que cumplan con su obligación correctamente.

Una consideración importante para los jubilados es comprender la diferencia entre el zakat y otras formas de caridad. Si bien el zakat es obligatorio y tiene pautas específicas, la caridad voluntaria (sadaqah) se fomenta, pero no es obligatoria. Los jubilados pueden optar por participar tanto en el zakat como en la sadaqah, lo que les permite brindar apoyo continuo a sus comunidades más allá del monto obligatorio. Este enfoque dual no solo maximiza su impacto, sino que también mejora su sentido de realización y propósito durante la jubilación.

Los jubilados también deberían reflexionar sobre los destinatarios de su zakat. El Corán describe categorías específicas de quienes tienen derecho a recibirlo, entre ellos los pobres, los necesitados y quienes trabajan para recaudarlo. Comprender estas categorías puede ayudar a los jubilados a tomar decisiones informadas sobre a dónde destinar sus contribuciones. Muchos jubilados encuentran alegría en apoyar iniciativas u organizaciones locales que se alinean con sus valores, ya sea a través de donaciones directas o a través de programas comunitarios que distribuyen el zakat en nombre de muchas personas.

El pago del zakat también puede servir como una forma de renovación espiritual para los jubilados. El acto de dar cultiva un sentido de gratitud y alienta a las personas a reflexionar sobre sus bendiciones. En el Islam, el concepto de dar está estrechamente vinculado al de recibir: cuanto más se comparte, más bendice Alá la riqueza de uno. Los jubilados pueden descubrir que su participación en el zakat mejora su bienestar general, proporcionándoles un sentido de propósito y una conexión con su fe.

Además, los jubilados deben tener en cuenta el momento de entregar su zakat. Si bien se puede entregar durante todo el año, muchos musulmanes optan por distribuirlo durante el Ramadán, el mes sagrado de ayuno en el que se multiplican las recompensas por las buenas acciones. Para los jubilados, este momento puede servir como recordatorio para reflexionar sobre su riqueza, sus responsabilidades y su conexión con la comunidad. Sin embargo, no deben sentirse limitados a dar solo durante este mes; el zakat puede y debe entregarse siempre que puedan.

El acto de dar zakat también puede inspirar a los jubilados a involucrarse más profundamente con sus comunidades. Participar en organizaciones o iniciativas benéficas locales puede mejorar su comprensión de las necesidades en su área. Muchos jubilados encuentran satisfacción al ofrecer su tiempo y habilidades como voluntarios para ayudar a los necesitados, complementando sus contribuciones financieras con la participación personal. Este enfoque holístico de la caridad fomenta una conexión más profunda con la comunidad y permite a los jubilados presenciar de primera mano el impacto de su generosidad.

Otro aspecto vital del zakat es su papel en la promoción de la justicia económica y la reducción de la desigualdad. Al redistribuir la riqueza entre los necesitados, el zakat desempeña un papel crucial en la lucha contra la pobreza y el apoyo a las comunidades marginadas. Los jubilados que participan activamente en el zakat contribuyen a este esfuerzo colectivo, alineando sus acciones con los objetivos más amplios de la justicia social en el Islam. Este compromiso no sólo mejora su vida espiritual, sino que también fomenta un sentido de responsabilidad hacia el bienestar de la sociedad.

Es esencial que los jubilados documenten sus contribuciones al zakat. Llevar un registro no solo les ayuda con los cálculos futuros, sino que también les permite reflexionar sobre sus donaciones a lo largo del tiempo. Esta documentación también puede servir como recordatorio de su compromiso de cumplir con esta importante obligación, lo que garantiza que sigan siendo responsables de sus acciones caritativas.

A medida que los jubilados abordan sus responsabilidades financieras, también pueden considerar cómo encaja su zakat en la planificación de su patrimonio. Redactar un testamento que refleje sus intenciones con respecto al zakat puede garantizar que se cumplan sus obligaciones incluso después de su fallecimiento. Esta planificación demuestra un compromiso con su fe y brinda tranquilidad de que sus intenciones caritativas se respetarán.

En conclusión, el zakat es un aspecto fundamental de la vida islámica que adquiere nuevas dimensiones durante la jubilación. Cuando los jubilados se ocupan de sus finanzas, tienen una oportunidad única de cumplir con sus obligaciones de zakat y, al mismo tiempo, contribuir activamente a sus comunidades. Al comprender los principios del zakat, calcular sus contribuciones con precisión y dirigir sus donaciones hacia los necesitados, los jubilados pueden experimentar la satisfacción espiritual que se deriva del cumplimiento de este deber esencial. A través de su participación en el zakat, los jubilados no solo mejoran sus propias vidas, sino que también influyen positivamente en las vidas de los demás, creando un legado de compasión y generosidad que resuena en todas sus comunidades.

Sencillez y satisfacción en la jubilación

La jubilación suele considerarse un período de relajación, ocio y disfrute. Sin embargo, también puede presentar desafíos, ya que las personas deben hacer frente a cambios en el estilo de vida, la identidad y la estabilidad financiera. En una época en la que el consumismo y el materialismo suelen predominar, los conceptos de sencillez y satisfacción adquieren especial importancia para los jubilados que buscan una vida plena y significativa después de su carrera. En este capítulo, analizaremos cómo la adopción de la sencillez y el fomento de la satisfacción pueden conducir a una experiencia de jubilación más pacífica y gratificante.

La sencillez, en el contexto de la jubilación, se refiere a la elección intencional de priorizar lo que realmente importa en la vida. Implica despejar no solo el espacio físico, sino también el paisaje mental y emocional. Para muchos jubilados, esto significa desprenderse de posesiones, obligaciones y distracciones innecesarias que no contribuyen a su felicidad general. Al simplificar sus vidas, los jubilados pueden centrarse en los aspectos que les brindan verdadera alegría y satisfacción, como la familia, las amistades, la espiritualidad y el crecimiento personal.

El Islam enseña la importancia de la moderación y de evitar los excesos. El Profeta Muhammad (la paz sea con él) enfatizó las virtudes de la sencillez, al afirmar: "Las mejores personas son aquellas que son más beneficiosas para los demás". Esta perspectiva alienta a los jubilados a priorizar las experiencias significativas por sobre las posesiones materiales. En lugar de acumular riqueza y pertenencias, los jubilados pueden cultivar un estilo de vida que enfatice la generosidad, la compasión y la participación comunitaria.

El contentamiento, o qana'ah, es otro aspecto crucial de una jubilación plena. Es el estado de estar satisfecho con lo que uno tiene, reconociendo que la verdadera felicidad no proviene de las circunstancias externas o la riqueza material. En el Islam, el contentamiento es muy valorado, ya que conduce a la paz interior y a un sentimiento de gratitud. El Corán afirma: "Y es Él Quien os ha hecho sucesores en la tierra" (Corán 35:39), recordando a los creyentes que su tiempo y sus recursos son un encargo de Dios y que deben utilizarlos sabiamente.

Para los jubilados, fomentar la satisfacción implica abrazar el momento presente y encontrar alegría en las experiencias cotidianas. Esto puede incluir pasar tiempo de calidad con la familia, participar en pasatiempos o hacer voluntariado en la comunidad. Al centrarse en las bendiciones de su vida y expresar gratitud por ellas, los jubilados pueden cultivar una mentalidad de agradecimiento que mejore su bienestar general.

Una forma práctica de promover la sencillez y la satisfacción es vivir con atención plena. La atención plena anima a las personas a estar presentes en sus actividades diarias, ya sea disfrutando de una taza de té, dando un paseo por la naturaleza o conversando con sus seres queridos. Al practicar la atención plena, los jubilados pueden desarrollar una apreciación más profunda de los placeres simples de la vida y crear una sensación de plenitud que trasciende las preocupaciones materiales.

Otro aspecto importante de la simplicidad es la gestión intencional del tiempo. En la jubilación, las personas suelen tener más flexibilidad a la hora de distribuir su tiempo, lo que les brinda la oportunidad de priorizar actividades que estén en línea con sus valores y pasiones. Los jubilados deberían plantearse crear un cronograma diario o semanal que refleje su deseo de simplicidad, asignando tiempo para la relajación, la familia, los pasatiempos y los actos de servicio. Este enfoque estructurado puede evitar sentimientos de falta de objetivos y ayudar a los jubilados a centrarse en lo que realmente les importa.

Además de la gestión del tiempo, adoptar una actitud sencilla también puede implicar reevaluar las conexiones sociales. Los jubilados deben considerar la calidad de sus relaciones y centrarse en cuidar aquellas que les brindan alegría y satisfacción. Rodearse de personas positivas y comprensivas puede mejorar su sentido de pertenencia y contribuir a su felicidad general. Participar en conversaciones significativas y compartir experiencias puede fomentar conexiones más profundas y enriquecer la vida de los jubilados.

Además, la sencillez en la jubilación también puede reflejarse en la gestión financiera. Los jubilados deben evaluar sus objetivos financieros y priorizar los gastos que se ajusten a sus valores. Esto puede implicar reducir el tamaño de sus hogares, reducir los gastos innecesarios y centrarse en las experiencias en lugar de en las posesiones. Al simplificar su vida financiera, los jubilados pueden reducir el estrés y la ansiedad relacionados con el dinero, lo que les permitirá disfrutar de su jubilación con mayor tranquilidad.

No se puede exagerar la importancia de la gratitud cuando se habla de satisfacción. Practicar la gratitud implica reconocer regularmente las bendiciones que uno recibe en la vida, ya sean grandes o pequeñas. Los jubilados pueden cultivar la gratitud llevando un diario, donde anotan reflexiones diarias sobre aquello por lo que están agradecidos. Esta práctica no solo refuerza una actitud positiva, sino que también ayuda a los jubilados a apreciar la riqueza de sus vidas, mejorando su sensación general de satisfacción.

La participación en actos de servicio puede promover aún más la sencillez y la satisfacción en la jubilación. El voluntariado permite a los jubilados conectarse con sus comunidades, compartir sus habilidades y tener un impacto positivo en las vidas de los demás. Este altruismo fomenta un sentido de propósito y satisfacción que trasciende los deseos personales y se alinea con el principio islámico de servir a los demás. Al centrarse en las necesidades de los demás, los jubilados pueden cultivar una apreciación más profunda de sus propias vidas y encontrar alegría al contribuir al bien común.

Además, se debe alentar a los jubilados a que persigan un aprendizaje permanente y un crecimiento personal. El hecho de dedicarse a nuevos intereses, ya sea a través de clases, talleres o lecturas, puede vigorizar sus mentes y brindarles una sensación de logro. Este compromiso con el aprendizaje fomenta la curiosidad y ayuda a los jubilados a mantener un sentido de propósito a medida que exploran nuevas ideas y experiencias.

También es importante reconocer que la satisfacción es un viaje, no un destino. Los jubilados pueden enfrentar desafíos y momentos de insatisfacción, y es natural experimentar altibajos. Sin embargo, al cultivar la resiliencia y practicar la autocompasión, los jubilados pueden afrontar estos desafíos con gracia. Buscar el apoyo de familiares, amigos o grupos comunitarios también puede brindar aliento y perspectiva durante los momentos difíciles.

En conclusión, la sencillez y la satisfacción son componentes esenciales de una jubilación plena. Si simplifican sus vidas de forma intencionada, fomentan relaciones significativas, administran el tiempo y las finanzas de forma consciente y practican la gratitud, los jubilados pueden cultivar una sensación de paz y satisfacción. Adoptar estos principios no solo mejora su bienestar, sino que también les permite vivir de acuerdo con las enseñanzas islámicas, lo que en última instancia conduce a una experiencia de jubilación más significativa y enriquecedora. A medida que los jubilados se centran en lo que realmente importa, descubrirán que la belleza de la vida no reside en las posesiones materiales, sino en las conexiones que crean y el amor que comparten con quienes los rodean.

Gestión del tiempo después de la jubilación

La jubilación suele describirse como un momento de libertad y ocio, un merecido descanso tras años de duro trabajo. Sin embargo, esta nueva libertad también puede generar desafíos relacionados con la gestión del tiempo. Sin la estructura de un trabajo regular, los jubilados pueden encontrarse con dificultades para llenar sus días de manera significativa. La gestión eficaz del tiempo es crucial para que los jubilados mantengan un sentido de propósito, alcancen metas personales y mejoren su calidad de vida en general. En este capítulo se explorarán estrategias prácticas para gestionar el tiempo de manera eficaz después de la jubilación, haciendo hincapié en la importancia del equilibrio, la priorización y la intencionalidad.

Uno de los primeros pasos para administrar el tiempo de manera eficaz es establecer una rutina. Si bien los jubilados ya no tienen un horario de trabajo que seguir, crear una rutina diaria o semanal puede brindarles estructura y estabilidad. Esta rutina debe incluir una combinación de actividades que fomenten el bienestar físico, mental y espiritual. Los jubilados pueden asignar momentos específicos para hacer ejercicio, realizar pasatiempos, interactuar con la familia, realizar servicios comunitarios y relajarse. Tener un plan estructurado ayuda a evitar la sensación de falta de objetivos y les permite maximizar su tiempo para actividades significativas.

La priorización es otro aspecto clave de la gestión eficaz del tiempo. Los jubilados deben reflexionar sobre sus valores e identificar lo que más les importa. Esto puede implicar establecer objetivos personales relacionados con la salud, la espiritualidad, la familia y la participación en la comunidad. Una vez establecidas estas prioridades, los jubilados pueden distribuir su tiempo en consecuencia. El uso de herramientas como una agenda o un calendario digital puede ayudar a realizar un seguimiento de los compromisos y garantizar que se dedique tiempo a actividades que se ajusten a sus prioridades.

Establecer metas alcanzables es fundamental para mantener la motivación y la sensación de logro. Los jubilados deben considerar metas a corto y largo plazo, y dividirlas en pasos manejables. Por ejemplo, si un jubilado desea aprender una nueva habilidad, puede fijarse el objetivo de asistir a una clase una vez por semana o dedicar una cantidad específica de tiempo cada día a practicar. Alcanzar estos pequeños hitos puede brindar una sensación de satisfacción y alentar el crecimiento personal continuo.

La flexibilidad también es esencial en la gestión del tiempo. Si bien las rutinas y los objetivos brindan estructura, los jubilados deben permanecer abiertos a la espontaneidad y al cambio. La vida es impredecible y pueden surgir circunstancias que requieran ajustes en los planes. Aceptar la flexibilidad permite a los jubilados adaptarse a nuevas oportunidades o desafíos y, al mismo tiempo, mantener un sentido de equilibrio en sus vidas. Esta adaptabilidad puede generar alegrías y experiencias inesperadas que mejoren la experiencia de jubilación.

La atención plena desempeña un papel fundamental en la gestión eficaz del tiempo. Al practicar la atención plena, los jubilados pueden desarrollar una mayor conciencia de cómo emplean su tiempo y cómo se sienten respecto de sus actividades. La atención plena anima a las personas a estar presentes en cada momento, fomentando una apreciación más profunda de las experiencias cotidianas. Esta práctica puede ayudar a los jubilados a identificar qué actividades les brindan alegría y satisfacción, lo que les permite priorizar estas actividades en su vida diaria.

Además de las actividades personales, los jubilados suelen descubrir que el voluntariado o la participación en servicios comunitarios pueden ser una forma satisfactoria de pasar el tiempo. Contribuir a la comunidad no solo mejora las conexiones sociales, sino que también fomenta un sentido de propósito. Los jubilados deben buscar oportunidades para compartir sus habilidades, conocimientos y experiencia con otras personas, ya sea a través de la tutoría, la mentoría o la participación en iniciativas locales. Esta participación puede crear relaciones significativas y brindar un sentido de pertenencia, que es esencial para el bienestar emocional.

Otro aspecto de la gestión del tiempo es el equilibrio entre el ocio y la productividad. Si bien es importante disfrutar de las actividades de ocio, los jubilados también deberían dedicarse a actividades que estimulen su mente y fomenten su crecimiento personal. Lograr un equilibrio entre la relajación y la actividad productiva puede conducir a una experiencia de jubilación más satisfactoria. Los jubilados pueden explorar pasatiempos que los desafíen intelectualmente, como leer, escribir o aprender un nuevo idioma, y al mismo tiempo reservar tiempo para la relajación y el disfrute.

Los jubilados también deben tener en cuenta el papel de la tecnología en la gestión de su tiempo. Las herramientas digitales, como las aplicaciones para programar, enviar recordatorios y gestionar tareas, pueden mejorar la productividad y la organización. Muchos jubilados descubren que el uso de la tecnología puede ayudarles a mantenerse en contacto con sus seres queridos, acceder a información y participar en comunidades en línea que comparten sus intereses. Sin embargo, es esencial encontrar un equilibrio y evitar depender demasiado de la tecnología, asegurándose de que mejore las interacciones y experiencias de la vida real en lugar de perjudicarlas.

Las conexiones sociales desempeñan un papel importante en la gestión eficaz del tiempo. Los jubilados deben priorizar el tiempo que pasan con sus familiares y amigos, ya que estas relaciones contribuyen al bienestar emocional y la felicidad general. Programar reuniones periódicas, ya sea en persona o de forma virtual, puede ayudar a mantener estas conexiones importantes. Además, los jubilados pueden considerar unirse a clubes o grupos que coincidan con sus intereses, lo que les brinda oportunidades de conocer gente nueva y participar en actividades compartidas.

Reflexionar sobre las prácticas de gestión del tiempo con regularidad puede conducir a una mejora continua. Los jubilados deberían tomarse un tiempo para evaluar cómo están pasando sus días y si sus actividades se alinean con sus valores y objetivos. Esta reflexión puede conducir a ajustes en su rutina, prioridades o compromisos, asegurando que su tiempo se emplee de maneras significativas y satisfactorias.

Por último, es importante reconocer que la gestión del tiempo no se limita únicamente a la productividad; también abarca la capacidad de disfrutar la vida al máximo. Los jubilados deben cultivar una mentalidad que valore la relajación, el disfrute y el ocio como componentes esenciales de una vida plena y satisfactoria. Permitirse tiempo para relajarse, explorar nuevos intereses y simplemente saborear el momento contribuye a la felicidad y el bienestar general.

En conclusión, la gestión eficaz del tiempo después de la jubilación es esencial para mantener un sentido de propósito, satisfacción y equilibrio. Al establecer rutinas, priorizar actividades, fijar objetivos alcanzables y mantener la flexibilidad, los jubilados pueden crear una experiencia de jubilación significativa y satisfactoria. Participar en servicios comunitarios, mantener conexiones sociales y reflexionar sobre sus prácticas mejoran aún más su calidad de vida. En última instancia, al gestionar su tiempo de forma inteligente, los jubilados pueden disfrutar de la libertad de la jubilación y, al mismo tiempo, aprovechar al máximo cada día, cultivando una vida rica en propósito y satisfacción.

Matrimonio y compañerismo en la vejez

A medida que las personas van entrando en la tercera edad, la importancia de la compañía y de las relaciones matrimoniales suele cobrar protagonismo. Para muchos, la jubilación marca un nuevo capítulo en la vida en el que la dinámica de las relaciones, especialmente el matrimonio, evoluciona en respuesta a circunstancias cambiantes, necesidades emocionales y experiencias de vida. En este capítulo, exploraremos la importancia del matrimonio y la compañía en la vejez, los desafíos que pueden enfrentar las parejas y las estrategias para nutrir y fortalecer estas conexiones vitales.

El matrimonio en la vejez puede ser una fuente de gran alegría y compañerismo. Una vez superadas las exigencias del trabajo y la crianza de los hijos, las parejas suelen descubrir que tienen más tiempo para dedicarse el uno al otro. Esta nueva libertad puede conducir a una mayor intimidad y conexión emocional, lo que permite a los miembros de la pareja redescubrir intereses y aficiones compartidos. Pasar tiempo de calidad juntos (ya sea mediante viajes, actividades sociales o simplemente disfrutando de momentos de tranquilidad) puede mejorar el vínculo entre los cónyuges y fomentar un sentido de compañerismo que resulta inestimable durante los años de jubilación.

Sin embargo, el matrimonio en la vejez no está exento de desafíos. A medida que las personas envejecen, pueden enfrentar problemas de salud, pérdida de seres queridos o cambios en la estabilidad financiera, todo lo cual puede generar tensión en una relación. La comunicación es esencial para afrontar estos desafíos. Las conversaciones abiertas y honestas sobre los miedos, las preocupaciones y las aspiraciones pueden fortalecer el vínculo matrimonial y fomentar la comprensión. Las parejas deben priorizar los controles regulares entre sí, asegurándose de que se sientan escuchados y apoyados mientras enfrentan juntos las complejidades del envejecimiento.

Un aspecto importante de la compañía en la vejez es la importancia de compartir objetivos y valores. A medida que las parejas envejecen, pueden notar que sus prioridades cambian. Por ejemplo, uno de los miembros de la pareja puede centrarse más en la salud y el bienestar, mientras que el otro puede priorizar los compromisos sociales o los viajes. Es fundamental que las parejas hablen de estos cambios y encuentren puntos en común, trabajando juntos para crear objetivos compartidos que reflejen sus intereses y valores actuales. Ya sea que se trate de emprender un nuevo pasatiempo juntos, hacer voluntariado o planificar viajes futuros, tener objetivos compartidos puede fomentar un sentido de trabajo en equipo y asociación.

La intimidad emocional se vuelve cada vez más importante a medida que las parejas envejecen. La conexión emocional suele profundizarse en los últimos años, cuando los miembros de la pareja comparten las realidades del envejecimiento, los problemas de salud y las reflexiones sobre la vida. Los jubilados deben fomentar esta intimidad emocional practicando la empatía, escuchando activamente y brindándose seguridad mutuamente. Los pequeños gestos de afecto, como tomarse de la mano, intercambiar cumplidos o expresar gratitud, pueden contribuir en gran medida a reforzar los vínculos emocionales y mejorar la satisfacción general de la relación.

Además, mantener la intimidad física puede ser un aspecto vital de la compañía en la vejez. Si bien pueden ocurrir cambios físicos con el envejecimiento, es importante que las parejas se comuniquen abiertamente sobre sus deseos y necesidades. Explorar nuevas formas de conectarse física y emocionalmente puede ayudar a las parejas a mantener un sentido de cercanía y afecto. Participar en actividades como bailar, abrazarse o caminar juntos puede fortalecer la intimidad física y emocional, fomentando una conexión más profunda.

Las redes sociales también desempeñan un papel crucial en la mejora de la compañía en la vejez. Si bien una relación matrimonial sólida es esencial, mantener amistades y conexiones con miembros de la familia puede brindar apoyo adicional y enriquecer la vida de los jubilados. Las parejas deben alentarse mutuamente a relacionarse con amigos, unirse a clubes sociales o participar en actividades comunitarias. Construir una red social diversa no solo alivia los sentimientos de aislamiento, sino que también ofrece oportunidades para compartir experiencias que pueden fortalecer el vínculo matrimonial.

Para las parejas que enfrentan desafíos importantes en su relación, buscar apoyo externo puede ser beneficioso. La terapia o el asesoramiento de pareja pueden brindar un espacio seguro para que los miembros de la pareja expresen sus sentimientos y resuelvan los conflictos. La orientación profesional puede ayudar a las parejas a desarrollar estrategias de comunicación y mecanismos de afrontamiento eficaces, lo que les permitirá afrontar las complejidades de su relación con mayor comprensión y compasión.

A medida que las personas envejecen, la pérdida de un cónyuge o pareja puede ser una experiencia abrumadora. El duelo puede afectar profundamente el bienestar emocional y es esencial que las parejas sobrevivientes busquen apoyo durante este período. Participar en grupos de apoyo, buscar terapia o conectarse con amigos y familiares puede brindar consuelo y comprensión. Para quienes han enviudado, el camino hacia la curación puede ser largo, pero la compañía, ya sea a través de amistades, vínculos familiares o nuevas relaciones románticas, puede ayudar a facilitar la transición hacia un nuevo capítulo de la vida.

Además, para quienes se quedan solteros en una etapa avanzada de su vida, la perspectiva de tener compañía aún es posible. Muchas personas en sus años de jubilación optan por explorar nuevas relaciones, ya sea a través de citas, amistades o compañía. Participar en actividades sociales, unirse a clubes o utilizar plataformas en línea diseñadas para adultos mayores puede abrir nuevas vías de conexión. Es esencial abordar las nuevas relaciones con el corazón y la mente abiertos, aprovechando las posibilidades que puede brindar la compañía.

En conclusión, el matrimonio y la compañía en la vejez son componentes vitales de una jubilación satisfactoria. A medida que las parejas enfrentan juntos los desafíos y las alegrías del envejecimiento, fomentar la comunicación abierta, la intimidad emocional y los objetivos compartidos puede mejorar su conexión. Fomentar las redes sociales, buscar apoyo cuando sea necesario y explorar nuevas relaciones también puede contribuir a una vida rica y significativa en la jubilación. En última instancia, la compañía, ya sea a través del matrimonio o la amistad, brinda un sentido de pertenencia y amor que es esencial para el bienestar emocional a medida que las personas envejecen. Al abrazar el viaje juntos, las parejas pueden crear una jubilación llena de experiencias compartidas, conexiones profundas y recuerdos duraderos.

Cómo afrontar la soledad en la jubilación

La jubilación puede traer consigo una profunda sensación de libertad y oportunidades, pero también puede generar sentimientos de soledad y aislamiento. A medida que las personas pasan del entorno estructurado del trabajo a un estilo de vida más desestructurado, la pérdida de las interacciones y conexiones sociales diarias puede generar desafíos emocionales. Comprender y abordar la soledad es fundamental para mantener el bienestar mental y emocional durante la jubilación. Este capítulo explora las causas de la soledad durante la jubilación, sus efectos y estrategias prácticas para crear conexiones y fomentar un sentido de comunidad.

Una de las principales razones por las que los jubilados pueden experimentar soledad son los importantes cambios de vida que conlleva esta transición. El paso de un entorno laboral ajetreado a días más tranquilos puede crear un vacío, especialmente para aquellos cuya identidad estaba estrechamente vinculada a su carrera. La ausencia de interacciones sociales diarias con los colegas puede hacer que las personas se sientan aisladas. Además, factores como la pérdida del cónyuge, la mudanza a una nueva zona o los cambios en la dinámica familiar pueden exacerbar los sentimientos de soledad.

El impacto de la soledad en la salud está bien documentado. Las investigaciones han demostrado que la soledad prolongada puede provocar diversos problemas de salud física y mental, como depresión, ansiedad y deterioro de la función cognitiva. Además, la soledad puede afectar negativamente al sistema inmunológico y al bienestar general, lo que aumenta la vulnerabilidad a las enfermedades. Reconocer la importancia de abordar la soledad es vital para los jubilados que desean mantener una alta calidad de vida.

Para combatir la soledad, los jubilados pueden tomar medidas proactivas para cultivar conexiones y relacionarse con sus comunidades. Una estrategia eficaz es explorar nuevas oportunidades sociales. Unirse a clubes, clases o grupos de interés puede brindar vías para conocer nuevas personas y entablar amistades. Muchos centros comunitarios, bibliotecas y organizaciones religiosas ofrecen actividades diseñadas específicamente para adultos mayores, incluidas clases de arte, clubes de lectura y grupos de ejercicio. Participar en estas actividades no solo brinda interacción social, sino que también fomenta un sentido de propósito y pertenencia.

El voluntariado es otra forma poderosa de conectarse con otras personas y al mismo tiempo generar un impacto positivo. Muchos jubilados encuentran satisfacción al contribuir a sus comunidades a través del trabajo voluntario. Ya sea ayudando en un banco de alimentos local, dando clases particulares a estudiantes o participando en las tareas de limpieza de la comunidad, el voluntariado puede crear conexiones significativas con otras personas que comparten valores y pasiones similares. El acto de ayudar a los demás también puede aumentar la autoestima y aliviar los sentimientos de soledad.

Mantener fuertes vínculos familiares es fundamental para combatir la soledad. Los jubilados deben hacer un esfuerzo concertado para interactuar con los miembros de la familia, ya sea a través de llamadas telefónicas regulares, videollamadas o visitas en persona. Planificar reuniones o salidas familiares puede ayudar a fortalecer los vínculos y crear recuerdos preciados. Además, los jubilados pueden considerar la posibilidad de entablar relaciones más estrechas con los vecinos, participar en eventos del vecindario o simplemente acercarse para tener conversaciones informales.

La tecnología puede desempeñar un papel fundamental en la reducción de los sentimientos de soledad. Muchos jubilados pueden sentirse aprensivos al principio sobre el uso de herramientas digitales, pero aprender a navegar por la tecnología puede abrir nuevas vías de conexión. Las plataformas de redes sociales, las videollamadas y los foros en línea pueden ayudar a los jubilados a mantenerse en contacto con familiares y amigos, independientemente de la distancia. También hay grupos en línea diseñados específicamente para adultos mayores, que les permiten conectarse con otras personas que comparten intereses, pasatiempos o experiencias de vida similares.

Para quienes prefieran interactuar en persona, unirse a grupos de apoyo u organizaciones centradas en intereses específicos también puede ser beneficioso. Ya sea un club de jardinería, un grupo de viajes o una asociación religiosa, estas reuniones crean oportunidades para socializar y entablar amistades. Relacionarse con personas con ideas afines puede ayudar a los jubilados a sentirse comprendidos y apoyados en sus experiencias.

Otro aspecto esencial para combatir la soledad es la autorreflexión y el crecimiento personal. Los jubilados pueden aprovechar este tiempo para explorar sus intereses y pasiones, fomentando un sentido de individualidad y propósito. Practicar pasatiempos, asistir a clases o embarcarse en nuevas experiencias de aprendizaje puede crear oportunidades tanto para la realización personal como para el compromiso social. Este enfoque proactivo puede ayudar a los jubilados a cultivar una actitud positiva y desarrollar un sentido de identidad más allá de sus carreras anteriores.

Las prácticas de atención plena, como la meditación y llevar un diario, también pueden brindar apoyo emocional. La atención plena alienta a las personas a estar presentes en el momento, lo que fomenta una conciencia más profunda de sus pensamientos y sentimientos. Al reflexionar sobre sus experiencias y emociones, los jubilados pueden comprender mejor su soledad y desarrollar estrategias de afrontamiento. Llevar un diario sobre experiencias positivas y gratitud puede desviar la atención de los sentimientos de aislamiento y promover una mentalidad más positiva.

Además, buscar apoyo profesional puede ser un paso importante para los jubilados que luchan contra la soledad. El asesoramiento o la terapia pueden proporcionar un espacio seguro para hablar de los sentimientos y desarrollar estrategias de afrontamiento. Los profesionales de la salud mental pueden ofrecer herramientas valiosas para gestionar las emociones y mejorar el bienestar general, guiando a los jubilados hacia relaciones e interacciones sociales más saludables.

En conclusión, si bien la soledad puede ser un desafío común en la jubilación, es esencial que los jubilados reconozcan que existen numerosas estrategias para combatir los sentimientos de aislamiento. Al buscar activamente oportunidades sociales, mantener conexiones familiares, hacer voluntariado, adoptar la tecnología y participar en el crecimiento personal, los jubilados pueden fomentar conexiones significativas y mejorar su calidad de vida. Tomar medidas proactivas para abordar la soledad es vital para el bienestar emocional y puede conducir a una experiencia de jubilación más satisfactoria y enriquecedora. A través de estos esfuerzos, los jubilados pueden cultivar una vida social vibrante, fortalecer su sentido de comunidad y, en última instancia, disfrutar de la compañía y las conexiones que son fundamentales para una vida feliz y saludable.

Enseñanza y tutoría

A medida que las personas se jubilan, muchas se encuentran con una riqueza de conocimientos y experiencia de vida que puede beneficiar enormemente a los demás. La enseñanza y la tutoría representan vías valiosas para que los jubilados compartan su experiencia, contribuyan a sus comunidades y fomenten relaciones significativas. Este capítulo explora la importancia de la enseñanza y la tutoría en la jubilación, los beneficios tanto para los mentores como para los aprendices y los pasos prácticos para participar en estas funciones gratificantes.

El acto de enseñar, ya sea en entornos formales o informales, permite a los jubilados transmitir sus conocimientos y habilidades a las generaciones más jóvenes. Esta transmisión de conocimientos no solo enriquece la vida de los demás, sino que también proporciona un sentido de propósito y satisfacción a los jubilados. Ya sea que se trate de enseñar una habilidad como jardinería, cocina o conocimientos financieros, los jubilados pueden tener un profundo impacto en la vida de sus estudiantes, infundiendo confianza y competencia en aquellos a quienes enseñan.

Por otra parte, la mentoría implica una relación más personal y de apoyo entre un mentor y un aprendiz. A menudo incluye orientación, asesoramiento y estímulo mientras el aprendiz enfrenta desafíos personales o profesionales. Los jubilados pueden actuar como mentores en diversos contextos, como en sus antiguos lugares de trabajo, organizaciones comunitarias o instituciones educativas. Esta relación fomenta el crecimiento y el desarrollo de ambas partes, creando un intercambio dinámico de ideas y experiencias.

Participar en actividades de enseñanza o tutoría puede tener numerosos beneficios para los jubilados. En primer lugar, fomenta un sentido de propósito. Muchos jubilados experimentan un vacío después de dejar la fuerza laboral, sienten que han perdido su identidad y su importancia. Al enseñar o ser mentores, los jubilados pueden recuperar su sentido de propósito y contribuir significativamente a la vida de los demás. Esta participación puede mejorar su autoestima y su bienestar general, brindándoles motivación y una razón para esperar con ilusión cada día.

Además, la enseñanza y la tutoría pueden ayudar a los jubilados a mantener la salud cognitiva. Interactuar con los alumnos requiere estimulación mental, creatividad y adaptabilidad. Preparar lecciones, responder preguntas y guiar debates puede agudizar las habilidades de pensamiento crítico y mantener la mente activa. Esta interacción cognitiva es esencial para los jubilados, ya que puede contribuir a la agilidad mental y la resiliencia a largo plazo.

Las conexiones sociales son otro beneficio importante de la enseñanza y la tutoría. Establecer relaciones con los estudiantes o aprendices fomenta un sentido de comunidad y pertenencia. Los jubilados a menudo encuentran alegría en las interacciones que surgen de la enseñanza, ya sea en el aula, en talleres o en entornos informales. Estas conexiones pueden dar lugar a amistades duraderas y a una red de apoyo que enriquece sus vidas.

Además, la enseñanza y la tutoría permiten a los jubilados mantenerse conectados con sus pasiones e intereses. Muchos jubilados tienen pasatiempos, habilidades o profesiones que les apasionan y quieren compartir. Al enseñar, pueden mantenerse comprometidos con estos intereses y, al mismo tiempo, inspirar a otros a explorar nuevos caminos. Este intercambio de pasiones puede crear un efecto dominó, alentando a los alumnos o aprendices a perseguir sus propios sueños y aspiraciones.

Los pasos prácticos para dedicarse a la docencia o la tutoría comienzan con la autorreflexión. Los jubilados deben considerar sus habilidades, experiencias y pasiones. ¿Qué conocimientos poseen que podrían beneficiar a otros? Identificar estas fortalezas ayudará a los jubilados a determinar las mejores vías para la docencia o la tutoría.

Esto puede implicar entornos de educación formal, centros comunitarios o plataformas en línea.

Para quienes estén interesados en la docencia, los colegios comunitarios locales o los programas de educación para adultos suelen buscar instructores para una variedad de materias. Los jubilados pueden solicitar información sobre oportunidades de docencia en áreas que conozcan o que les apasionen. De manera similar, el voluntariado en escuelas locales u organizaciones juveniles puede brindar vías para la tutoría, donde los jubilados pueden ofrecer orientación y apoyo a los estudiantes que recorren sus caminos educativos.

Los programas de mentoría dentro de organizaciones profesionales o iniciativas comunitarias son otra excelente manera de que los jubilados participen. Muchas organizaciones buscan profesionales con experiencia que asesoren a personas más jóvenes que ingresan al mercado laboral. Esto puede adoptar la forma de tutorías individuales o sesiones de tutoría grupales, donde los jubilados pueden compartir su experiencia y ofrecer valiosos conocimientos sobre sus respectivos campos.

Además de los entornos tradicionales, la tecnología ofrece a los jubilados la oportunidad de conectarse con alumnos o tutorados de cualquier parte del mundo. Las plataformas en línea y las redes sociales pueden facilitar la enseñanza y la tutoría virtuales. Los jubilados pueden crear blogs, canales de YouTube o cursos en línea para compartir sus conocimientos y conectarse con estudiantes de todo el mundo. Estas vías digitales pueden ampliar su alcance y permitirles interactuar con públicos diversos.

Es esencial que los jubilados aborden la enseñanza y la tutoría con una mente abierta y la voluntad de aprender de sus alumnos. La relación es recíproca y los mentores a menudo descubren que obtienen nuevas perspectivas y conocimientos de sus alumnos. Adoptar este proceso de aprendizaje bidireccional enriquece la experiencia para ambas partes y crea un intercambio dinámico que fomenta el crecimiento.

En conclusión, la enseñanza y la tutoría representan vías poderosas para que los jubilados compartan sus conocimientos, fomenten relaciones significativas y mejoren su sentido de propósito. Al participar en estas funciones, los jubilados pueden influir positivamente en las vidas de los demás y, al mismo tiempo, enriquecer sus propias vidas. Los beneficios de la enseñanza y la tutoría se extienden más allá de la realización personal; contribuyen a la comunidad en general, creando un legado de conocimiento, apoyo e inspiración. Aprovechar estas oportunidades puede conducir a una jubilación vibrante y gratificante, llena de conexión, aprendizaje y crecimiento mutuo.

Envejecer con dignidad en el Islam

El envejecimiento es una parte natural de la vida y, en el Islam, se considera un momento de sabiduría, reflexión y mayor conciencia espiritual. Las enseñanzas del Islam enfatizan el respeto por los ancianos y subrayan la importancia de tratar a las personas mayores con dignidad y compasión. Este capítulo explora la perspectiva islámica sobre el envejecimiento, los valores asociados con él y las formas prácticas en que los musulmanes pueden afrontar esta etapa de la vida con dignidad.

En la tradición islámica, los ancianos son venerados por su sabiduría acumulada y sus experiencias de vida. El Corán y los hadices brindan numerosos ejemplos que enfatizan el respeto y el honor que se les debe a las personas mayores. El Profeta Muhammad (la paz sea con él) alentó a sus seguidores a mostrar bondad y compasión hacia los ancianos, afirmando: "No es uno de nosotros quien no muestra misericordia a nuestros jóvenes y no respeta a nuestros ancianos" (Sunan Abu Dawud). Este principio fundamental resalta la importancia de mantener la dignidad y el respeto por quienes han vivido una vida larga.

En el Islam, el envejecimiento se considera una señal de la misericordia de Dios y una etapa en la que uno puede acercarse a su Creador. Es un momento para reflexionar sobre las propias acciones, buscar el perdón por las transgresiones pasadas y prepararse para el Más Allá. Se anima a los ancianos a participar en actos de adoración, como la oración, la recitación del Corán y el recuerdo de Dios (dhikr), ya que estas actividades no solo mejoran el crecimiento espiritual, sino que también brindan consuelo y solaz.

Uno de los principios básicos del envejecimiento digno en el Islam es mantener la autonomía e independencia tanto como sea posible. Si bien es esencial brindar atención y apoyo a los miembros mayores de la familia, es igualmente importante respetar sus deseos y decisiones.

Alentar a las personas mayores a participar en las conversaciones familiares, respetar sus preferencias en las actividades diarias e involucrarlas en la toma de decisiones fomenta un sentido de dignidad y autoestima. Este enfoque se alinea con el principio islámico de honrar la autonomía de las personas y garantizar que se sientan valoradas dentro de la estructura familiar.

Las conexiones sociales desempeñan un papel fundamental en el fomento de la dignidad en el envejecimiento. Mantener relaciones con familiares y amigos es crucial para el bienestar emocional. En el Islam, la familia es el principal sistema de apoyo y es responsabilidad de las generaciones más jóvenes cuidar de sus mayores. Las reuniones familiares periódicas, las visitas y las líneas de comunicación abiertas ayudan a prevenir sentimientos de aislamiento y soledad, lo que permite que los ancianos se sientan conectados y queridos. Hacer que los ancianos participen en las tradiciones y celebraciones familiares también reafirma su importancia y sus contribuciones a la unidad familiar.

El Islam hace mucho hincapié en la caridad y el apoyo comunitario, que pueden ser fundamentales para garantizar que los ancianos sean tratados con dignidad. Se anima a las comunidades a establecer programas que ayuden a los ancianos en diversos aspectos de la vida, como el transporte, la atención sanitaria y las actividades sociales. Al fomentar un entorno en el que los ancianos puedan relacionarse con otros y acceder a los recursos necesarios, las comunidades pueden promover la dignidad y el respeto por las personas mayores.

Además del apoyo de la comunidad, el concepto de Sadaqah Jariyah (caridad continua) desempeña un papel vital en el envejecimiento con dignidad. Se anima a los adultos mayores a participar en actos de caridad que sigan beneficiando a los demás, como establecer programas educativos, construir pozos o apoyar iniciativas de salud. Esas contribuciones pueden mejorar su sentido de propósito y su legado, recordándoles que sus vidas siguen teniendo importancia incluso en sus últimos años.

Además, el principio islámico de la gratitud puede mejorar enormemente la experiencia del envejecimiento. Animar a los ancianos a reflexionar sobre sus bendiciones, a participar en prácticas de gratitud y a mantener una actitud positiva puede ayudarles a afrontar los desafíos del envejecimiento con gracia. Esta práctica no solo fomenta la satisfacción, sino que también refuerza su dignidad, recordándoles que sus experiencias de vida tienen valor y que tienen mucho que ofrecer.

A medida que las personas envejecen, pueden enfrentarse a desafíos físicos y cognitivos que pueden afectar su sentido de dignidad. En tales casos, es fundamental que los familiares y los cuidadores aborden estos desafíos con compasión y comprensión. Es esencial brindar asistencia con las actividades diarias manteniendo el respeto por su independencia. El uso de enfoques de atención centrados en la persona garantiza que las personas mayores se sientan valoradas y apoyadas, en lugar de agobiadas o disminuidas por sus circunstancias.

Al abordar las cuestiones relacionadas con el final de la vida, el Islam fomenta el diálogo abierto y sincero sobre la muerte y el morir. Se hace hincapié en la importancia de prepararse para el Más Allá y se anima a las familias a entablar conversaciones sobre los últimos deseos, las necesidades espirituales y el apoyo emocional necesario durante esta transición. Proporcionar cuidados paliativos que respeten la dignidad del individuo, junto con el apoyo espiritual, puede mejorar en gran medida la calidad de vida en los últimos días de la vida.

En conclusión, envejecer con dignidad en el Islam es un concepto multifacético que abarca el respeto, la autonomía, las conexiones sociales y el crecimiento espiritual. Al honrar a los ancianos, fomentar el apoyo de la comunidad y alentar los actos de adoración y caridad, los musulmanes pueden crear un entorno en el que el envejecimiento se acepte como un momento de sabiduría y plenitud. Las enseñanzas del Islam proporcionan un marco integral para tratar a los ancianos con la dignidad y el respeto que merecen, garantizando que sean miembros valiosos de la sociedad durante toda su vida. Al integrar estos principios en la vida diaria, las familias y las comunidades pueden fomentar una cultura que celebre el envejecimiento y honre las contribuciones de las generaciones anteriores, enriqueciendo en última instancia las vidas de todos los involucrados.

El legado islámico: dejar un impacto positivo

A medida que las personas se acercan a las últimas etapas de su vida, el concepto de legado adquiere cada vez mayor importancia. En el Islam, la noción de dejar un impacto positivo se extiende más allá de las posesiones materiales; abarca los valores, las enseñanzas y las contribuciones que uno hace a la sociedad. Este capítulo explora cómo los jubilados pueden cultivar un legado significativo a través de sus acciones, relaciones y compromiso con los principios islámicos, asegurando que su impacto perdure para las generaciones futuras.

El Islam hace hincapié en la importancia de vivir una vida que refleje valores morales y éticos, ya que estos forman la base de un legado positivo. El Corán enseña que las acciones de uno deben guiarse por la rectitud, la compasión y la justicia. A medida que las personas envejecen, tienen la oportunidad de encarnar estos principios, sirviendo como modelos a seguir para las generaciones más jóvenes. Al demostrar integridad, bondad y humildad, los jubilados pueden inspirar a quienes los rodean a adoptar valores similares, creando un efecto dominó que se extiende mucho más allá de su esfera de influencia inmediata.

Una de las formas más importantes de dejar un legado duradero es mediante el acto de enseñar y compartir conocimientos. El Islam concede gran importancia a la búsqueda de conocimientos y a su difusión entre los demás. Los jubilados pueden participar en la enseñanza formal o informal, ya sea mediante la tutoría, la tutoría o el voluntariado en entornos educativos. Compartir sabiduría y experiencias con las generaciones más jóvenes no solo enriquece sus vidas, sino que también les permite afrontar los desafíos con confianza e integridad. Esta transferencia de conocimientos sirve como pilar fundamental para las generaciones futuras, fomentando una cultura de aprendizaje y crecimiento.

Además de enseñar, los jubilados pueden dejar un impacto positivo a través del servicio comunitario y el trabajo caritativo. La participación en actos de caridad (sadaqah) se alinea con los principios islámicos y enfatiza la importancia de ayudar a los necesitados. Al dedicar tiempo y recursos para apoyar iniciativas locales, los jubilados pueden abordar problemas sociales, ayudar a las comunidades marginadas y contribuir a la mejora de la sociedad. Establecer proyectos caritativos, como fondos de becas, clínicas de salud o centros comunitarios, garantiza que sus contribuciones sigan beneficiando a otros mucho después de que se hayan ido. Este legado de compasión y servicio refuerza el ideal islámico de cuidar a los demás y fomentar un sentido de comunidad.

Además, el concepto de Sadaqah Jariyah (caridad continua) es fundamental para dejar un impacto duradero. A diferencia de los actos de caridad puntuales, Sadaqah Jariyah se refiere a contribuciones que continúan generando beneficios para otros a lo largo del tiempo. Esto puede incluir la construcción de una escuela, brindar acceso a agua potable o financiar iniciativas de atención médica. Al invertir en proyectos que generan un cambio positivo, los jubilados pueden asegurarse de que su legado perdure, beneficiando a innumerables personas y comunidades. Tales actos no solo cumplen con las obligaciones religiosas, sino que también crean una sensación de realización y propósito en sus propias vidas.

Los jubilados también pueden centrarse en fomentar vínculos y relaciones familiares fuertes. En el Islam, la unidad familiar es de suma importancia y mantener vínculos estrechos con los parientes es un aspecto vital del legado. Al priorizar las interacciones familiares, compartir valores e impartir lecciones de vida, los jubilados pueden moldear el carácter y la mentalidad de las generaciones futuras. Este legado familiar fomenta un sentido de pertenencia, continuidad y valores compartidos que trascienden el tiempo. Además, inculcar las enseñanzas y tradiciones islámicas dentro de la unidad familiar garantiza que los valores de la fe y la compasión se transmitan de generación en generación.

En un contexto más amplio, dejar un impacto positivo implica participar activamente en cuestiones sociales y defender la justicia y la equidad. Los jubilados pueden participar en el activismo comunitario, denunciar la injusticia y apoyar iniciativas que promuevan el cambio social. Al alinear sus acciones con las enseñanzas islámicas sobre justicia y equidad, los jubilados pueden inspirar a otros a actuar y contribuir a una sociedad más justa. Este compromiso con la defensa de los derechos no solo da forma al panorama actual, sino que también sienta un precedente para las generaciones futuras, alentándolas a defender los principios de justicia y compasión.

A medida que las personas reflexionan sobre su legado, es esencial reflexionar sobre los valores que desean dejar. La autorreflexión y la búsqueda de orientación a través de la oración pueden ayudar a los jubilados a aclarar sus prioridades e identificar el impacto que desean generar. Establecer metas específicas, ya sea relacionadas con el servicio comunitario, la educación o el compromiso familiar, permite a los jubilados canalizar sus esfuerzos hacia objetivos significativos. Este enfoque intencional no solo mejora la calidad de sus contribuciones, sino que también fomenta un sentido de propósito y satisfacción.

Además, los jubilados deberían considerar la posibilidad de documentar sus experiencias y percepciones. Escribir memorias, crear historias familiares o registrar reflexiones personales pueden servir como recursos valiosos para las generaciones futuras. Estas narraciones brindan contexto, sabiduría y lecciones aprendidas, lo que permite a los descendientes conectarse con su herencia y comprender los valores que formaron a su familia. Al compartir historias de resiliencia, fe y determinación, los jubilados pueden inspirar a otros a continuar su legado con orgullo.

En conclusión, dejar una huella positiva es un aspecto fundamental del envejecimiento con dignidad en el Islam. A través de la enseñanza, el servicio comunitario, la participación familiar y la defensa de los derechos de los demás, los jubilados pueden cultivar un legado significativo que encarne los valores islámicos. Al reflexionar sobre sus prioridades y contribuir activamente a la mejora de la sociedad, los jubilados pueden garantizar que su influencia perdure, inspirando a las generaciones futuras a defender los principios de compasión, justicia y fe. En última instancia, el legado que uno deja no se define únicamente por la riqueza material, sino por el impacto duradero de sus acciones, valores y compromiso con la creación de un mundo mejor para quienes vienen después de ellos.

Taqwa (Conciencia de Allah) en la vejez

A medida que las personas van entrando en la vejez, el concepto de Taqwa, o conciencia de Alá, adquiere cada vez mayor importancia. En el Islam, Taqwa representa un estado de atención plena y de conciencia de la presencia de Alá, que guía las acciones e intenciones de la persona de acuerdo con las enseñanzas divinas. Este capítulo explora la importancia de cultivar Taqwa en la vejez, sus implicaciones para el crecimiento personal y los pasos prácticos que pueden dar los jubilados para profundizar su relación con Alá.

La taqwa se describe a menudo como el temor a Alá combinado con amor, reverencia y un compromiso de vivir una vida en sintonía con Su voluntad. En la vejez, muchas personas reflexionan sobre sus vidas, contemplan sus acciones y buscan una comprensión más profunda de su propósito. Este período ofrece una oportunidad única para fortalecer la taqwa, ya que los ancianos pueden dedicar tiempo al crecimiento espiritual, la introspección y el arrepentimiento.

Uno de los aspectos clave de la Taqwa es la práctica de la responsabilidad personal. A medida que las personas envejecen, pueden volverse más conscientes de sus acciones pasadas, tanto positivas como negativas. Esta conciencia puede llevar a un deseo de arrepentimiento y búsqueda del perdón de Dios. El Corán enfatiza la importancia de volverse hacia Dios y buscar Su misericordia, al afirmar: "Y quienes, cuando cometan una inmoralidad o sean injustos consigo mismos [cometiendo] un pecado, recuerden a Dios y pidan perdón por sus pecados" (Corán 3:135). Al reconocer sus defectos y arrepentirse sinceramente, los jubilados pueden cultivar un sentido de humildad y conciencia de Dios que profundiza su espiritualidad.

La oración (Salah) es una práctica fundamental en el Islam que fomenta la Taqwa. Establecer una rutina regular de oración puede servir como un recordatorio constante de la presencia y la guía de Alá. Para los jubilados, dedicar tiempo a la oración, especialmente en congregación en la mezquita, puede mejorar su conexión con la comunidad y con Alá. Participar en actos de adoración adicionales, como la súplica (dua) y la recitación del Corán, nutre aún más el corazón y la mente, inculcando un mayor sentido de Taqwa.

El estudio de las enseñanzas islámicas es otro medio poderoso para fortalecer la Taqwa. El estudio del Corán y los hadices permite a los jubilados obtener conocimientos más profundos sobre las enseñanzas del Islam y las cualidades que Alá valora. Asistir a conferencias, participar en círculos de estudio o leer literatura islámica puede estimular el crecimiento intelectual y espiritual. Esta búsqueda de conocimiento no solo fortalece la Taqwa, sino que también proporciona a los jubilados las herramientas para afrontar los desafíos que pueden enfrentar en la vejez.

Además del crecimiento personal, Taqwa alienta a los jubilados a encarnar los valores de la compasión, la generosidad y el servicio a los demás. A medida que las personas se vuelven más conscientes de Alá, a menudo se sienten inspiradas a actuar de maneras que reflejen Sus atributos. Esto puede manifestarse a través de actos de bondad, voluntariado en la comunidad o brindando apoyo a familiares y amigos. Al encarnar estos valores, los jubilados pueden dejar un impacto positivo en quienes los rodean, reforzando aún más su conciencia de Alá.

La participación comunitaria es particularmente importante en el contexto de la Taqwa. Ser parte de una comunidad islámica solidaria permite a los jubilados compartir sus experiencias, aprender unos de otros y fortalecer colectivamente su fe. Participar en eventos comunitarios, clases islámicas o iniciativas benéficas fomenta un sentido de pertenencia y alienta una atmósfera comunitaria de Taqwa. Este compromiso colectivo puede brindar motivación e inspiración a los jubilados para permanecer firmes en su fe y sus acciones.

El concepto de Taqwa también enfatiza la gratitud. En el Islam, estar agradecido por las bendiciones de Alá cultiva una mentalidad positiva y refuerza la conciencia que uno tiene de Él. Los jubilados pueden reflexionar sobre sus experiencias de vida, reconocer las bendiciones que han recibido y expresar gratitud a través de oraciones y actos de caridad. Esta práctica no solo mejora la Taqwa, sino que también fomenta la resiliencia y la satisfacción, ayudando a los jubilados a enfrentar los desafíos que pueden surgir con el envejecimiento.

Además, cultivar la Taqwa implica prepararse para el Más Allá. A medida que las personas se acercan al final de sus vidas, la conciencia de la mortalidad puede inspirar un compromiso más profundo con la fe y las buenas acciones. Participar en conversaciones sobre cuestiones relacionadas con el final de la vida, buscar conocimiento sobre el Más Allá y hacer las paces con los demás puede contribuir a una sensación de paz y plenitud. Esta preparación no es solo un medio para nutrir la Taqwa, sino también una manera de dejar un legado de fe y rectitud.

En conclusión, la Taqwa es un aspecto vital del envejecimiento en el Islam, ya que ofrece a los jubilados un marco para el crecimiento espiritual, la autorreflexión y una vida con propósito. Al cultivar una conciencia de Alá a través de la oración, el conocimiento, el compromiso comunitario y los actos de bondad, los jubilados pueden profundizar su fe y dejar un impacto duradero en sus familias y comunidades. El camino de la Taqwa es un esfuerzo que dura toda la vida y, en la vejez, sirve como un poderoso recordatorio de la importancia de vivir con intención, gratitud y devoción a Alá. Adoptar la Taqwa no solo enriquece la vida de los jubilados, sino que también inspira a quienes los rodean, creando un legado de fe que perdura durante generaciones.

Gratitud por las bendiciones de la vida

La gratitud es un principio fundamental del Islam, profundamente entrelazado con el concepto de fe y conciencia de Alá (Taqwa). A medida que las personas llegan a la vejez, la práctica de la gratitud adquiere un significado renovado, y sirve como un medio poderoso para reflexionar sobre las bendiciones de la vida y fomentar una actitud positiva. Este capítulo explora la importancia de la gratitud en la vejez, sus efectos en el bienestar mental y emocional, y las formas prácticas en que los jubilados pueden cultivar un corazón agradecido.

El Corán enfatiza con frecuencia la importancia de la gratitud, y Alá ordena a los creyentes que reconozcan Sus bendiciones. El versículo "Si sois agradecidos, ciertamente os concederé más favores" (Corán 14:7) subraya la relación recíproca entre la gratitud y las bendiciones divinas. En la vejez, cuando las personas reflexionan a menudo sobre sus experiencias de vida, reconocer estas bendiciones puede conducir a una profunda sensación de satisfacción y plenitud.

Uno de los aspectos más poderosos de la gratitud es su capacidad para cambiar la perspectiva de la persona. Los jubilados pueden enfrentar diversos desafíos a medida que envejecen, incluidos problemas de salud, pérdida de seres queridos o sentimientos de aislamiento. Sin embargo, al centrarse en lo que tienen en lugar de en lo que les falta, las personas pueden cultivar una perspectiva más positiva de la vida. Practicar la gratitud fomenta una mentalidad que reconoce la abundancia en la vida, lo que conduce a una mayor resiliencia y bienestar emocional.

Realizar prácticas diarias de gratitud puede mejorar significativamente esta perspectiva. Los jubilados pueden empezar a llevar un diario de gratitud, en el que anoten de tres a cinco cosas por las que están agradecidos cada día. Esta práctica no solo los ayuda a reconocer los aspectos positivos de sus vidas, sino que también les sirve como fuente de reflexión durante los momentos difíciles. Con el tiempo, revisar estas anotaciones puede reforzar el hábito de la gratitud, creando un ciclo de retroalimentación positiva que nutre la satisfacción y la alegría.

Además, expresar gratitud a los demás puede fortalecer las relaciones y fomentar un sentido de comunidad. Los jubilados pueden tomarse el tiempo para agradecer a los miembros de la familia, amigos y cuidadores por su apoyo y amabilidad. Un simple reconocimiento de sus esfuerzos puede mejorar significativamente las conexiones interpersonales y crear un entorno de aprecio mutuo. Esta práctica se alinea con la enseñanza islámica que alienta a los creyentes a expresar gratitud hacia los demás, como se demuestra en el hadiz: "Quien no agradece a la gente no ha agradecido a Alá" (Sunan Abu Dawud).

Incorporar la gratitud en las oraciones diarias (Salah) es otra forma significativa de mejorar esta práctica. Durante la oración, los jubilados pueden tomarse un momento para expresar su agradecimiento a Alá por las bendiciones en sus vidas. Esta conexión no solo profundiza su espiritualidad, sino que también sirve como recordatorio de los innumerables favores que les ha otorgado. Al hacer de la gratitud una parte de su adoración, los jubilados pueden fomentar un mayor sentido de atención plena y agradecimiento en su viaje espiritual.

La gratitud también está estrechamente vinculada a la práctica del sabr (paciencia). A medida que los jubilados enfrentan los desafíos del envejecimiento, cultivar la gratitud puede ayudarlos a responder a las dificultades con resiliencia. Reconocer que cada prueba conlleva lecciones potenciales u oportunidades de crecimiento permite a las personas afrontar los desafíos con una actitud positiva. Esta interacción entre la gratitud y la paciencia permite a los jubilados enfrentar los obstáculos con gracia, entendiendo que la sabiduría de Alá abarca todos los aspectos de la vida.

Además, cultivar la gratitud puede inspirar a los jubilados a participar en actos de caridad y servicio. Cuando las personas reconocen la abundancia en sus vidas, a menudo sienten un mayor sentido de responsabilidad de dar a los demás. Esta inclinación se alinea con el principio islámico de Sadaqah (caridad), que alienta a los creyentes a compartir sus bendiciones con los necesitados. Los jubilados pueden ofrecer su tiempo como voluntarios, donar a causas que les importan o apoyar iniciativas comunitarias, todo ello mientras expresan su gratitud por lo que han recibido.

La gratitud también puede desempeñar un papel importante en las relaciones intergeneracionales. Los jubilados pueden compartir sus experiencias de vida, sabiduría e historias con los miembros más jóvenes de la familia, enfatizando la importancia de la gratitud en sus propias vidas. Al dar ejemplo de este comportamiento, pueden inculcar el valor de la gratitud en la próxima generación, fomentando una cultura de agradecimiento dentro de las familias. Este legado de gratitud puede fortalecer los vínculos familiares y crear un sentido de continuidad que enriquece la dinámica familiar.

En los momentos de reflexión, los jubilados pueden considerar los desafíos que han superado y las bendiciones que han surgido de esas experiencias. Esta práctica de mirar atrás a la trayectoria de la vida, incluidas las pruebas y los triunfos, puede revelar las formas profundas en que la misericordia de Dios se ha manifestado en sus vidas. Reconocer que los momentos difíciles a menudo conducen al crecimiento personal y a un mayor aprecio puede mejorar su sentido general de gratitud.

En conclusión, la gratitud por las bendiciones de la vida es una práctica poderosa y transformadora que puede enriquecer enormemente la vida de los jubilados. Al cultivar un corazón agradecido, las personas pueden cambiar su enfoque hacia los aspectos positivos de la vida, fomentando el bienestar emocional y la resiliencia. A través de prácticas diarias de gratitud, expresiones de agradecimiento a los demás e incorporando la gratitud a la vida espiritual, los jubilados pueden crear una jubilación plena y significativa. En última instancia, la práctica de la gratitud no solo mejora la satisfacción personal, sino que también fortalece las relaciones y fomenta un sentido de comunidad, asegurando que las bendiciones de la vida se reconozcan y celebren en cada momento.

Abordar los desafíos de salud

A medida que las personas se jubilan, suelen enfrentarse a diversos problemas de salud que pueden afectar significativamente su calidad de vida. En el Islam, la salud se considera una bendición y el cuidado del propio cuerpo es un aspecto esencial para cumplir con las responsabilidades religiosas y personales. Este capítulo explora la perspectiva islámica sobre la salud, las estrategias prácticas para abordar los problemas de salud en la vejez y la importancia de mantener una actitud positiva durante esta etapa de la vida.

El Corán enfatiza el valor de la buena salud y la importancia de cuidar el cuerpo. Alá dice: "Y no os matéis [ni os matéis unos a otros]. En verdad, Dios es Misericordioso con vosotros" (Corán 4:29). Este versículo destaca la responsabilidad que tienen las personas de preservar su bienestar. Para los jubilados, esto significa adoptar un enfoque holístico de la salud que abarque los aspectos físicos, mentales y emocionales.

Uno de los principales problemas de salud que enfrentan muchos jubilados es la aparición de enfermedades crónicas, como diabetes, enfermedades cardíacas o artritis. El manejo de estas enfermedades requiere un enfoque proactivo que incluya controles médicos regulares, cumplimiento de los tratamientos prescritos y modificaciones del estilo de vida. Las consultas periódicas con profesionales de la salud pueden ayudar a los jubilados a mantenerse informados sobre su estado de salud y hacer los ajustes necesarios en sus planes de atención.

La dieta desempeña un papel crucial en el mantenimiento de la salud, especialmente en la vejez. El Islam fomenta una dieta equilibrada y nutritiva, como se refleja en las enseñanzas del Profeta Muhammad (la paz sea con él), quien hizo hincapié en la moderación en el consumo. Los jubilados deben centrarse en incorporar una variedad de frutas, verduras, cereales integrales, proteínas magras y grasas saludables en sus comidas. Mantenerse hidratado y limitar los alimentos procesados y los azúcares también puede contribuir al bienestar general. Al tomar decisiones dietéticas conscientes, los jubilados pueden controlar su salud de manera más eficaz y reducir el riesgo de enfermedades crónicas.

La actividad física es otro componente vital de la salud durante la jubilación. Hacer ejercicio con regularidad, adaptado a las capacidades individuales, puede mejorar la condición física, mejorar el estado de ánimo y mejorar la calidad de vida en general. Actividades como caminar, nadar o practicar yoga suave pueden ser beneficiosas, ya que promueven la salud cardiovascular, la flexibilidad y la fuerza. El Islam fomenta el bienestar físico, como lo demuestra el estilo de vida activo del propio Profeta. Los jubilados pueden buscar programas de acondicionamiento físico en la comunidad o unirse a grupos locales para mantenerse motivados y conectados socialmente, al tiempo que priorizan su salud.

El bienestar mental y emocional es igualmente importante para abordar los problemas de salud. El envejecimiento puede generar sentimientos de aislamiento, tristeza o ansiedad, en particular después de cambios importantes en la vida, como la pérdida de un cónyuge o la transición a una nueva situación de vida. Es esencial que los jubilados cuiden su salud mental participando en actividades que promuevan la alegría y la plenitud. Los pasatiempos, las interacciones sociales y las prácticas espirituales, como la oración y la meditación, pueden brindar consuelo y ayudar a aliviar los sentimientos de soledad o depresión.

Además, buscar el apoyo de familiares, amigos o grupos comunitarios puede brindar una red de seguridad crucial. La comunicación abierta sobre los problemas de salud permite a los jubilados recibir aliento y asistencia práctica cuando la necesitan. Compartir experiencias con otras personas que enfrentan desafíos similares puede fomentar un sentido de pertenencia y comprensión, lo que refuerza el principio islámico del apoyo comunitario.

Para afrontar los problemas de salud, es fundamental que los jubilados cultiven una actitud positiva, lo que incluye la gratitud por las bendiciones de la salud y la vida, y la aceptación de los cambios que trae consigo el envejecimiento. El profeta Muhammad (la paz sea con él) enseñó que las dificultades pueden servir como un medio de purificación y crecimiento espiritual. Ver los problemas de salud como oportunidades de aprendizaje y resiliencia puede ayudar a los jubilados a afrontar sus circunstancias con gracia.

El Islam también fomenta la práctica de la Dua (súplica) como medio para buscar la ayuda y la curación de Alá. Los jubilados pueden recurrir a la oración y la súplica para pedir fuerza, salud y orientación para afrontar sus desafíos. Esta conexión espiritual no solo mejora su relación con Alá, sino que también les brinda consuelo y alivio en tiempos difíciles.

La atención preventiva es un aspecto esencial del cuidado de la salud en la vejez. Los exámenes médicos, las vacunas y las evaluaciones de salud regulares pueden ayudar a identificar posibles problemas de manera temprana, lo que permite una intervención oportuna. Mantenerse informado sobre los riesgos personales para la salud y adoptar medidas preventivas puede ayudar a los jubilados a tomar el control de su salud y bienestar.

Además de la salud física y mental, es fundamental mantener el bienestar espiritual. Participar en actos de culto, estudiar las enseñanzas islámicas y reflexionar sobre el propio propósito puede brindar a los jubilados una sensación de plenitud y paz. La conexión con la fe puede servir como fuente de fortaleza y resiliencia, ayudando a las personas a afrontar los problemas de salud con un sentido de propósito.

Por último, abordar los problemas de salud en la vejez requiere un enfoque compasivo y holístico. Las familias y los cuidadores deben esforzarse por crear un entorno que promueva hábitos saludables, apoyo emocional y compromiso espiritual. Esto incluye defender las necesidades de los familiares mayores, garantizar que tengan acceso a los recursos necesarios y fomentar una cultura de respeto y comprensión.

En conclusión, abordar los problemas de salud durante la jubilación es una tarea multifacética que abarca el bienestar físico, mental y espiritual. Al adoptar un enfoque proactivo en materia de salud, participar en la atención médica regular, mantener una dieta equilibrada, mantenerse activo y fomentar las conexiones emocionales, los jubilados pueden atravesar esta etapa de la vida con resiliencia y gracia. Las enseñanzas del Islam proporcionan una base sólida para cultivar un estilo de vida saludable, recordando a las personas sus responsabilidades para consigo mismas y para con Alá. A través de la fe, la gratitud y el apoyo de la comunidad, los jubilados pueden afrontar los desafíos del envejecimiento y, al mismo tiempo, apreciar las bendiciones de la vida.

Planificación para el final de la vida

La planificación del final de la vida es un aspecto crucial del envejecimiento que a menudo requiere una reflexión y una reflexión profundas. En el Islam, esta preparación no es sólo práctica sino también profundamente espiritual, y hace hincapié en la importancia de ser consciente de la propia mortalidad y de garantizar que los asuntos de uno estén en orden. Este capítulo explora la perspectiva islámica sobre la preparación para el final de la vida, la importancia de hacer preparativos prácticos y los aspectos espirituales de este proceso.

El Islam enseña que la muerte es una parte natural de la vida y una transición hacia el Más Allá. El Corán recuerda a los creyentes la inevitabilidad de la muerte: "Toda alma probará la muerte" (Corán 3:185). Esta comprensión alienta a las personas a reflexionar sobre sus vidas y prepararse para el momento en que regresarán a Alá. Planificar el final de la vida es un acto de responsabilidad que garantiza que los asuntos de uno estén resueltos, lo que permite una transición pacífica.

Uno de los primeros pasos para prepararse para el final de la vida es abordar cuestiones prácticas, como la redacción de un testamento. Un testamento es un documento legal esencial que describe cómo se deben administrar los bienes y asuntos de una persona después de la muerte. En el Islam, se recomienda encarecidamente redactar un testamento, ya que refleja un sentido de responsabilidad hacia la familia y los seres queridos. El Profeta Muhammad (la paz sea con él) dijo: "No está permitido que un musulmán que tenga algo que dejar pase dos noches sin tener escrito su última voluntad y testamento" (Sunan Ibn Majah). Al preparar un testamento, las personas pueden asegurarse de que se respeten sus deseos y de que sus seres queridos reciban lo que necesitan, lo que reduce los posibles conflictos después de su fallecimiento.

Además de un testamento, los jubilados deben considerar la posibilidad de organizar su funeral y entierro. En la tradición islámica, el proceso de entierro es sencillo y debe llevarse a cabo lo antes posible después de la muerte. Esta simplicidad refleja la creencia en la naturaleza transitoria de la vida. Las personas pueden comunicar sus deseos con respecto a las prácticas funerarias, incluidas las oraciones, los rituales y el lugar del entierro, a sus familiares. La comunicación clara de estas preferencias puede aliviar la carga de los seres queridos durante un momento difícil.

La preparación espiritual es igualmente importante cuando se planifica el final de la vida. Participar en actos de adoración, como la oración, el ayuno y la recitación del Corán, puede fortalecer la relación con Alá y servir como fuente de consuelo. El Profeta Muhammad (la paz sea con él) animó a los creyentes a recordar la muerte con frecuencia, ya que aporta claridad a las prioridades e intenciones de la persona. Al reflexionar sobre el Más Allá y las consecuencias de sus acciones, los jubilados pueden fomentar un sentido de responsabilidad que enriquece su camino espiritual.

Otro aspecto vital de la planificación para el final de la vida es buscar el perdón y enmendar los errores. El Islam enfatiza la importancia de resolver los conflictos y buscar la reconciliación antes de morir. Esta práctica no solo trae paz al corazón, sino que también se alinea con las enseñanzas del Profeta, quien aconsejó a los creyentes perdonar a los demás y reparar las relaciones rotas. Tomarse el tiempo para expresar amor, gratitud y perdón puede brindar un cierre emocional y fortalecer los lazos familiares.

Además, realizar actos de caridad (Sadaqah) puede tener un impacto significativo en la posición espiritual de una persona en el Más Allá. El concepto de Sadaqah Jariyah (caridad continua) es particularmente relevante, ya que representa actos de caridad que continúan beneficiando a otros incluso después de la muerte de una persona. Los jubilados pueden establecer fundaciones benéficas, apoyar proyectos comunitarios o contribuir a iniciativas educativas. Al invertir en causas que se alinean con sus valores, las personas pueden dejar un legado duradero que se extienda más allá de su vida.

Como parte de la planificación del final de la vida, las personas también deben considerar la posibilidad de redactar una directiva anticipada sobre atención médica o un testamento vital. Este documento describe las preferencias de la persona con respecto al tratamiento médico y los cuidados al final de la vida, y garantiza que los miembros de la familia y los proveedores de atención médica comprendan sus deseos en caso de incapacidad. El Islam alienta a las personas a buscar tratamiento y mantener su salud, pero también enfatiza la importancia de tener el control sobre las decisiones médicas.

Por último, el proceso de preparación para el final de la vida puede servir como una oportunidad para la autorreflexión y el crecimiento personal. Los jubilados pueden tomarse el tiempo para evaluar sus vidas, considerar sus logros y reflexionar sobre su relación con Alá. Esta introspección puede conducir a una comprensión más profunda del propio propósito y a un compromiso renovado de vivir una vida de rectitud.

En conclusión, la planificación del final de la vida es un aspecto esencial del envejecimiento que abarca tanto dimensiones prácticas como espirituales. Al abordar cuestiones legales, prepararse para los preparativos del funeral, buscar el perdón y participar en actos de caridad, los jubilados pueden abordar el final de la vida con una sensación de paz y plenitud. El Islam alienta a los creyentes a ser conscientes de su mortalidad, recordándoles la importancia de vivir con intención y propósito. En última instancia, la preparación para el final de la vida permite a las personas dejar un legado significativo y aceptar la transición con gracia y serenidad.

Hacer du'a en la vejez

La du'a, o súplica, ocupa un lugar importante en el Islam, ya que sirve como un medio directo de comunicación entre el creyente y Alá. En la vejez, la práctica de hacer du'a se vuelve especialmente conmovedora, brindando consuelo, esperanza y una conexión profunda con el Creador. Este capítulo explora la importancia de la du'a en la vida de los jubilados, los beneficios espirituales que aporta y una guía práctica sobre cómo incorporarla de manera significativa en la vida diaria.

A medida que las personas envejecen, suelen enfrentarse a diversos desafíos, incluidos problemas de salud, soledad y pérdida de seres queridos. En esos momentos, recurrir a Alá a través de la súplica puede brindar consuelo y tranquilidad. El Profeta Muhammad (la paz sea con él) enfatizó la importancia de la súplica al decir: "Tu Señor es tímido y generoso. Es tímido para apartar las manos de Sus siervos cuando las elevan hacia Él" (Sunan Abu Dawud). Este hadiz resalta la creencia de que Alá siempre está dispuesto a escuchar y responder las súplicas sinceras de Sus siervos.

Uno de los principales beneficios de hacer du'a en la vejez es la sensación de paz que puede aportar. A medida que los jubilados enfrentan las incertidumbres y ansiedades del envejecimiento, expresar sus preocupaciones y deseos a Alá puede aliviar los sentimientos de aislamiento y miedo. La du'a sirve como recordatorio de que no están solos; Alá siempre está presente, escuchando y dispuesto a ayudar. Esta conexión espiritual fomenta una sensación de consuelo, reforzando la creencia de que cada oración es escuchada, sin importar lo trivial que pueda parecer.

Además, la súplica actúa como un medio de autorreflexión y crecimiento personal. Cuando las personas se dedican a la súplica, suelen tomarse el tiempo para considerar sus necesidades, deseos y prioridades. Esta introspección puede conducir a una comprensión más profunda de uno mismo y a un compromiso renovado de alinear la propia vida con los valores islámicos. En el proceso de hacer la súplica, los jubilados pueden encontrarse reflexionando sobre sus acciones y buscando el perdón por los errores del pasado. Esta práctica se alinea con las enseñanzas del Islam, que alientan a los creyentes a buscar el arrepentimiento y esforzarse por mejorar.

El acto de hacer du'a también mejora la conexión espiritual entre los jubilados y Alá. En la vejez, las personas pueden tener más tiempo para dedicarse a sus prácticas espirituales, lo que les permite profundizar su relación con el Creador. La participación regular en la súplica puede transformar el corazón y la mente de una persona, inculcando un sentido de gratitud y humildad. El Corán afirma: "Y tu Señor dice: 'Invocadme, que yo os responderé'" (Corán 40:60). Esta promesa divina sirve como estímulo para que los jubilados participen en la du'a regularmente, sabiendo que sus oraciones serán reconocidas.

Además, la súplica puede ser una fuente de esperanza y motivación. Cuando los jubilados reflexionan sobre sus vidas, pueden experimentar sentimientos de arrepentimiento o desesperación por las metas o sueños incumplidos. Sin embargo, al hacer la súplica, pueden buscar la guía y el apoyo de Dios para lograr sus aspiraciones, sin importar cuán pequeñas sean. Esta práctica fomenta la resiliencia, recordando a las personas que nunca es demasiado tarde para esforzarse por alcanzar metas personales y espirituales. A través de la súplica, los jubilados pueden mantener una actitud positiva y cultivar un sentido de propósito, incluso frente a los desafíos.

Además de las súplicas personales, se anima a los jubilados a hacer du'a por los demás. El Profeta Muhammad (la paz sea con él) destacó la importancia de orar por los demás creyentes, afirmando que los ángeles responden a esas oraciones diciendo: "Y por ti lo mismo" (Sahih Muslim). Esta práctica no solo fortalece los lazos comunitarios, sino que también refuerza la interconexión de la comunidad musulmana. Al orar por el bienestar de la familia, los amigos e incluso los necesitados, los jubilados pueden contribuir a una cultura de compasión y apoyo, fomentando un sentido de pertenencia.

Para que la súplica tenga más sentido, los jubilados pueden establecer una rutina que incorpore la súplica a su vida diaria. Reservar momentos específicos para la oración, ya sea durante las cinco oraciones diarias, después de las oraciones Fard (obligatorias) o durante los momentos de reflexión, puede crear un enfoque estructurado para la súplica. Los jubilados también pueden crear un diario personal de súplicas, donde pueden escribir sus súplicas, intenciones y cualquier respuesta que reciban de Alá. Esta práctica no solo sirve como registro de su viaje espiritual, sino que también los ayuda a reflexionar sobre su progreso y el impacto de sus oraciones a lo largo del tiempo.

Otra práctica poderosa es hacer du'a con humildad y sinceridad. La intención del corazón detrás de la súplica es vital para garantizar que las oraciones sean auténticas y significativas. Los jubilados deben abordar la du'a con un sentido de humildad, reconociendo su dependencia de Allah y su deseo de Su guía. El Profeta Muhammad (la paz sea con él) enseñó que la mejor súplica es la que proviene de un corazón sincero, enfatizando la importancia de los sentimientos e intenciones genuinos en el proceso de la oración.

Los jubilados también pueden aprovechar las bendiciones del mes de Ramadán para mejorar su práctica de du'a. Este mes sagrado es un momento oportuno para la reflexión, la oración y la búsqueda del perdón. La participación en actos de adoración adicionales, como las oraciones nocturnas de Tarawih y la lectura del Corán, pueden crear un entorno propicio para hacer du'a. El último tercio de la noche es particularmente significativo para la súplica, ya que es un momento en el que la misericordia de Alá es abundante y se cree que las oraciones son especialmente aceptadas.

Además, los jubilados deberían considerar la posibilidad de adquirir conocimientos sobre las diferentes formas de du'a y las súplicas recomendadas del Corán y los hadices. Aprender y comprender el significado de estas oraciones puede enriquecer su práctica espiritual y ofrecer nuevas formas de comunicarse con Alá. Hay numerosos recursos disponibles, incluidos libros y plataformas en línea, que brindan orientación sobre súplicas efectivas.

En conclusión, hacer du'a en la vejez es una práctica profunda y enriquecedora que fomenta una conexión profunda con Allah, promueve el crecimiento personal y ofrece consuelo durante los desafíos de la vida. Al participar en súplicas regulares, los jubilados pueden encontrar paz, resiliencia y esperanza mientras navegan por las complejidades del envejecimiento. El acto de orar por uno mismo y por los demás crea un sentido de comunidad y pertenencia, reforzando la importancia de la compasión y el apoyo dentro de la comunidad musulmana. En última instancia, la du'a sirve como un poderoso recordatorio de que, independientemente de la edad o las circunstancias, la relación de uno con Allah puede florecer a través de súplicas sinceras y sentidas.

El papel de los ancianos en la mezquita

La mezquita no es sólo un lugar de culto, sino también un centro comunitario dinámico que desempeña un papel crucial en la vida espiritual y social de los musulmanes. Cuando los miembros mayores de la comunidad participan en la mezquita, sus contribuciones pueden enriquecer significativamente el entorno, fomentar las conexiones intergeneracionales y fortalecer el tejido de la comunidad. Este capítulo explora el papel vital que desempeñan los ancianos en la mezquita, sus responsabilidades y los beneficios de su participación activa.

En primer lugar, los ancianos son una fuente de conocimiento y sabiduría. Con sus años de experiencia vital, poseen una riqueza de conocimientos que puede beneficiar enormemente a las generaciones más jóvenes. En la tradición islámica, los ancianos suelen ser vistos como guardianes de las enseñanzas religiosas y el patrimonio cultural. Su presencia en la mezquita les permite compartir este conocimiento, ya sea impartiendo clases, dirigiendo círculos de estudio o asesorando a los miembros más jóvenes. El Profeta Muhammad (la paz sea con él) enfatizó la importancia de buscar el conocimiento, al afirmar: "Buscar el conocimiento es una obligación de todo musulmán" (Sunan Ibn Majah). Al asumir roles de enseñanza, los miembros mayores pueden inspirar a la generación más joven a buscar el conocimiento y profundizar su comprensión del Islam.

Además, los ancianos desempeñan un papel crucial en el mantenimiento de la atmósfera espiritual de la mezquita. Su compromiso con la oración y el culto sirve de ejemplo para los demás, especialmente para los congregantes más jóvenes. Al asistir regularmente a las oraciones, participar en los eventos comunitarios y participar en el dhikr (recuerdo de Alá), dan ejemplo de la importancia de la fe y la devoción. Su presencia puede alentar a los demás a ser más activos en su vida espiritual, creando una cultura de culto que impregna la comunidad.

Además de sus contribuciones espirituales, los miembros mayores suelen asumir funciones de liderazgo dentro de la mezquita. Muchas mezquitas tienen consejos o juntas que se benefician de la sabiduría y la experiencia de las personas mayores. Su participación en los procesos de toma de decisiones garantiza que se tengan en cuenta las necesidades y perspectivas de todos los miembros de la comunidad, lo que fomenta un sentido de inclusión. Esta representación es particularmente importante para crear programas e iniciativas que atiendan las diversas necesidades de la congregación, incluida la asistencia a los jóvenes y las familias.

La mezquita también sirve como espacio social, y los ancianos pueden facilitar la unión de la comunidad organizando eventos y actividades que promuevan la interacción entre los miembros. Ya sea organizando cenas iftar durante el Ramadán, organizando círculos de estudio o coordinando oportunidades de voluntariado, los miembros mayores a menudo toman la iniciativa de unir a la gente. Estas reuniones no solo mejoran las conexiones sociales, sino que también fortalecen el sentido de unidad y pertenencia de la comunidad. El Profeta Muhammad (la paz sea con él) enfatizó la importancia de la comunidad, diciendo: "Los creyentes, en su bondad mutua, compasión y simpatía, son como un solo cuerpo" (Sahih Muslim).

Además, los ancianos son fundamentales para brindar apoyo a quienes lo necesitan dentro de la comunidad. Pueden desempeñar un papel fundamental como mentores de los jóvenes, ofreciendo orientación y brindando apoyo emocional a las familias que enfrentan desafíos. Sus experiencias de vida los capacitan para abordar una variedad de cuestiones, desde la dinámica familiar hasta las dificultades económicas. Al estar presentes en la mezquita, pueden identificar a quienes pueden necesitar ayuda y movilizar esfuerzos de apoyo, asegurando que nadie se sienta aislado o desatendido.

El papel de los ancianos en la mezquita se extiende al fomento de las relaciones intergeneracionales. Al tender puentes entre los miembros más jóvenes y los mayores, pueden ayudar a cultivar la comprensión y el respeto entre los diferentes grupos de edad. Este intercambio de ideas y experiencias enriquece a la comunidad y refuerza el principio islámico de valorar y respetar las contribuciones de todos los individuos, independientemente de su edad. Las actividades que involucran tanto a los ancianos como a los jóvenes, como los proyectos de servicio comunitario o los eventos religiosos, pueden mejorar estas conexiones, lo que permite el aprendizaje y el crecimiento mutuos.

Otro aspecto importante de la participación de los ancianos en la mezquita es el énfasis en la dua (súplica) y la oración. Los miembros mayores a menudo se toman el tiempo para orar por la comunidad, sus líderes y sus miembros, invocando las bendiciones y la guía de Alá. Su compromiso espiritual puede elevar a la comunidad y reforzar el enfoque colectivo en la fe y la devoción. En el Islam, las súplicas de los justos se consideran poderosas, y los ancianos, con su dedicación de larga data a la adoración, ocupan una posición única en este sentido.

Además, la mezquita puede ofrecer un entorno de apoyo para las personas mayores, donde pueden participar en actividades que promuevan el bienestar físico y mental. Muchas mezquitas organizan talleres de salud, clases de ejercicio o reuniones sociales adaptadas a las necesidades de los adultos mayores. Esta participación no solo contribuye a su salud física, sino que también mejora su bienestar emocional y mental, lo que refuerza la idea de que la mezquita es un espacio holístico para el cuidado comunitario.

Por último, es esencial que las generaciones más jóvenes reconozcan y aprecien las contribuciones de los mayores a la mezquita. Este respeto se puede fomentar mediante iniciativas que alienten el diálogo y la colaboración entre los grupos de edad. Por ejemplo, involucrar a los jóvenes en la planificación de eventos que celebren los logros y las historias de los miembros mayores puede mejorar la comprensión y la gratitud mutuas. Esta práctica se alinea con la enseñanza islámica de honrar a los mayores, como se enfatiza en varios hadices.

En conclusión, las personas mayores desempeñan un papel vital en la mezquita, ya que son pilares del conocimiento, la espiritualidad y la participación comunitaria. Sus contribuciones no solo enriquecen la experiencia de culto, sino que también fomentan un sentido de unidad y pertenencia entre todos los miembros de la comunidad. Al participar activamente en la vida de la mezquita, las personas mayores pueden inspirar a la próxima generación, brindar apoyo y orientación, y crear un entorno próspero que beneficie a todos. Reconocer y valorar su presencia y sus aportes es esencial para cultivar una comunidad vibrante e inclusiva que honre su pasado y mire hacia el futuro.

Reavivando la amistad y la hermandad en el Islam

La amistad y la hermandad ocupan un lugar especial en el Islam, lo que pone de relieve la importancia de la comunidad, el apoyo y el amor entre los creyentes. A medida que las personas envejecen, la dinámica de las amistades puede cambiar debido a diversas circunstancias de la vida, como la reubicación, los problemas de salud o la pérdida de seres queridos. Sin embargo, reavivar estas relaciones puede ser una fuente de inmensa alegría, consuelo y crecimiento espiritual. Este capítulo explora la importancia de las amistades y la hermandad en el Islam, los pasos prácticos para reconstruir las conexiones y los beneficios que se obtienen al nutrir estos vínculos.

El Islam enseña que la amistad es una bendición y un medio de enriquecimiento espiritual. El Corán subraya la importancia de la compañía al afirmar: "Los creyentes no son más que hermanos" (Corán 49:10). Este versículo destaca la idea de que los musulmanes comparten un vínculo único, que trasciende los lazos familiares y sociales. Por ello, las amistades en el Islam no se basan meramente en intereses mutuos, sino que tienen sus raíces en la fe y los valores compartidos, lo que las hace profundas y significativas.

En la vejez, es natural que las amistades evolucionen. Algunas relaciones pueden desvanecerse, mientras que otras pueden fortalecerse. Reconocer la importancia de mantener y reavivar estas conexiones puede llevarnos a una vida más plena y enriquecedora. El Profeta Muhammad (la paz sea con él) enfatizó el valor de la compañía, diciendo: "Una persona se guía por la religión de su amigo; entonces, que cada uno de ustedes mire con quién se hace amigo" (Sunan Abu Dawud). Esta enseñanza sirve como recordatorio para rodearse de buena compañía, ya que las amistades pueden influir significativamente en el carácter y la espiritualidad de una persona.

Una forma eficaz de reavivar las amistades es iniciar el contacto. Contactar a viejos amigos a través de llamadas telefónicas, mensajes o incluso cartas escritas a mano puede romper el hielo y abrir la puerta a la reconexión. En una época en la que la tecnología suele aislar, un simple gesto de acercamiento puede reavivar la chispa de la amistad. Compartir recuerdos, expresar aprecio o simplemente ponerse en contacto con el otro puede fortalecer el vínculo y sentar las bases para nuevas conexiones.

Organizar reuniones o eventos sociales en la mezquita o en un espacio común también puede ser una forma maravillosa de reavivar las amistades. Estas reuniones pueden incluir comidas compartidas, reuniones de oración o círculos de estudio, lo que permite que los amigos se reúnan en un ambiente relajado y acogedor. La experiencia compartida de adoración y comunidad puede profundizar las conexiones y fomentar un sentido de pertenencia. El Profeta Muhammad (la paz sea con él) alentó a los creyentes a visitarse unos a otros, diciendo: "Si uno de ustedes visita a su hermano, estará en el jardín del Paraíso hasta que regrese" (Sunan Abi Dawud). Este hadiz subraya las recompensas espirituales de cultivar amistades a través de actos de bondad y compañerismo.

Otra forma de mejorar las amistades es a través de actividades compartidas que estén alineadas con los intereses personales o las necesidades de la comunidad. Ya sea participar en trabajos voluntarios, practicar pasatiempos o unirse a grupos de estudio, las experiencias compartidas crean recuerdos duraderos y fortalecen los vínculos. Cuando los amigos se unen con un propósito común, se fomenta un sentido de unidad y crecimiento colectivo. Además, el voluntariado en la comunidad no solo beneficia a los demás, sino que también enriquece las amistades al brindar una plataforma para la colaboración y el trabajo en equipo.

La comunicación desempeña un papel fundamental para restablecer las amistades. El diálogo abierto y sincero puede ayudar a superar las brechas que se hayan podido formar con el tiempo. Expresar sentimientos, compartir experiencias y hablar de los desafíos puede profundizar la comprensión y fomentar la empatía entre amigos. Es esencial abordar estas conversaciones con un espíritu de amabilidad y compasión, reconociendo que todos pasamos por diferentes etapas en la vida. La capacidad de escuchar y ofrecer apoyo puede ayudar a consolidar las amistades, recordando a las personas que no están solas en sus luchas.

En el Islam, el concepto de hermandad va más allá de la simple amistad; encarna un sentido de responsabilidad mutua. Los amigos deben alentarse mutuamente en sus caminos espirituales, recordándose la fe y guiándose en los momentos difíciles. Al participar en actos de culto juntos, como asistir a las oraciones o estudiar textos religiosos, los amigos pueden animarse mutuamente y fortalecer su conexión con Alá. Este compromiso compartido con la fe no solo profundiza las amistades, sino que también fomenta una cultura de apoyo mutuo y responsabilidad.

Además, abordar los conflictos o los malentendidos es crucial para mantener y reavivar las amistades. Es natural que surjan desacuerdos, pero la forma en que se manejen estos conflictos puede determinar la longevidad de la relación. El Islam fomenta el perdón y la reconciliación, y enseña que guardar rencor puede dañar a ambas personas. El Corán afirma: "Y que el odio de un pueblo no os impida ser justos" (Corán 5:8). Abordar los conflictos con una mentalidad de empatía y comprensión puede conducir a la resolución y la curación, lo que en última instancia fortalecerá la amistad.

Los beneficios de reavivar las amistades y la hermandad en el Islam son múltiples. Las relaciones sólidas contribuyen al bienestar emocional y mental, y brindan apoyo durante los desafíos de la vida. Los amigos pueden servir como fuente de aliento, motivación y alegría, creando un sentido de pertenencia que mejora la calidad de vida general de la persona. Además, las experiencias compartidas de amistad a menudo conducen al crecimiento espiritual, ya que los amigos se inspiran mutuamente para profundizar su conexión con Alá.

Además, las amistades pueden servir como amortiguador contra los sentimientos de soledad y aislamiento que pueden acompañar al envejecimiento. A medida que las personas enfrentan las complejidades de la vida, tener una red de apoyo de amigos puede aliviar los sentimientos de desesperación y fomentar la resiliencia. La compañía de los amigos puede generar risas, alegría y un sentido de propósito, reforzando la noción de que uno nunca está realmente solo.

En conclusión, reavivar las amistades y la hermandad en el Islam es un aspecto vital para enriquecer la vida, especialmente en la vejez. Al cultivar las conexiones, participar en actividades significativas y fomentar la comunicación abierta, las personas pueden fortalecer sus vínculos entre sí. Las enseñanzas del Islam enfatizan la importancia de la compañía, recordando a los creyentes las recompensas espirituales y el apoyo emocional que se obtienen al mantener estas relaciones. En última instancia, las amistades en el Islam son una fuente de consuelo, alegría y crecimiento, que permiten a las personas recorrer el camino de la vida con el apoyo de sus hermanos y hermanas en la fe.

Abrazando Tawakkul (Confianza en Allah) después de la jubilación

El tawakkul, o confianza en Alá, es un concepto fundamental en el Islam que alienta a los creyentes a confiar en la sabiduría y la misericordia de Alá en todos los aspectos de la vida. Cuando las personas se jubilan, suelen enfrentarse a cambios, incertidumbres y desafíos importantes. Adoptar el tawakkul durante esta fase puede brindar paz, claridad y un sentido de propósito. Este capítulo explora la importancia del tawakkul después de la jubilación, cómo cultivarlo en la vida diaria y los beneficios espirituales y emocionales que aporta.

En el contexto de la jubilación, el tawakkul invita a las personas a entregar sus preocupaciones y ansiedades a Dios. Reconoce que, a pesar de nuestros esfuerzos y planes, el control final recae en el Creador. El Corán afirma: "Quien se encomienda a Dios, Él le basta" (Corán 65:3). Este versículo asegura a los creyentes que depositar la confianza en Dios conducirá al apoyo y la guía divinos. A medida que los jubilados se enfrentan a nuevas rutinas, preocupaciones financieras y problemas de salud, adoptar el tawakkul puede aliviar los temores y fomentar una sensación de seguridad.

Uno de los aspectos clave del cultivo del tawakkul es reconocer que la vida es inherentemente incierta. La jubilación puede traer cambios inesperados, ya sea en la salud, las finanzas o la dinámica social. En lugar de sucumbir a la ansiedad ante estas incertidumbres, se anima a los jubilados a verlas como oportunidades de crecimiento y aprendizaje. Al aceptar que Alá tiene un plan para ellos, las personas pueden afrontar los desafíos con una mentalidad positiva, confiando en que todo sucede por una razón.

En términos prácticos, adoptar el tawakkul implica una combinación de fe y acción. Si bien la confianza en Alá es esencial, es igualmente importante tomar medidas proactivas para abordar las propias necesidades. Por ejemplo, los jubilados pueden planificar sus finanzas para asegurarse de que sus recursos se administren de manera inteligente. Al mismo tiempo, deben mantener un corazón lleno de confianza, reconociendo que Alá les proveerá de maneras que tal vez no prevean. Este equilibrio entre tomar la iniciativa y confiar en Alá fomenta la resiliencia y alienta un enfoque proactivo ante los desafíos de la vida.

Las súplicas diarias (du'a) desempeñan un papel importante en el fortalecimiento del tawakkul. Al buscar regularmente la guía y el apoyo de Allah, los jubilados pueden fortalecer su relación con Él. Hacer du'a para obtener claridad, dirección y paciencia durante los tiempos difíciles ayuda a cultivar un sentido de confianza en la sabiduría de Allah. El Profeta Muhammad (la paz sea con él) enseñó que pedirle ayuda a Allah es un componente clave del tawakkul. Al expresar sus necesidades e inquietudes a través de la oración, los jubilados pueden sentir una sensación de consuelo y conexión con su Creador.

Además de la oración, reflexionar sobre los atributos de Dios puede aumentar nuestra confianza en Él. Contemplar la misericordia, la sabiduría y la capacidad de Dios para proveer puede infundir confianza en Sus planes. Los jubilados pueden participar en esta reflexión estudiando el Corán, leyendo sobre la vida del Profeta Muhammad (la paz sea con él) y reflexionando sobre las lecciones aprendidas de la historia islámica. Comprender cómo Dios ha guiado y apoyado a los creyentes a lo largo del tiempo refuerza la creencia de que Él seguirá haciéndolo en sus propias vidas.

Además, la participación en la comunidad puede reforzar el tawakkul de una persona. Relacionarse con otros musulmanes en la mezquita o en organizaciones comunitarias fomenta un sentido de pertenencia y apoyo. A través de las interacciones con otras personas que comparten valores similares, los jubilados pueden recordar la misericordia y la generosidad de Dios. El voluntariado, la tutoría de jóvenes o la participación en proyectos comunitarios también pueden brindar un propósito y satisfacción, reforzando la creencia de que los esfuerzos de uno son parte de un plan mayor orquestado por Dios.

Uno de los beneficios más profundos de abrazar el tawakkul es la paz que trae al corazón. Cuando las personas depositan su confianza en Dios, se sienten menos agobiadas por la ansiedad y el estrés. Este alivio emocional permite a los jubilados centrarse en lo que realmente importa: cultivar relaciones, participar en actos de adoración y disfrutar del momento presente. El Corán afirma: "Ciertamente en el recuerdo de Dios se tranquilizan los corazones" (Corán 13:28). Este versículo destaca la importancia de buscar consuelo en la fe, en particular durante los tiempos de transición.

Además, el tawakkul fomenta la gratitud. Cuando los jubilados reconocen las bendiciones de Dios y confían en Su provisión, desarrollan un sentido de aprecio por sus circunstancias. Este cambio de perspectiva les permite centrarse en los aspectos positivos de sus vidas en lugar de concentrarse en lo que les puede faltar. Practicar la gratitud puede conducir a una mayor felicidad y satisfacción, fomentando una perspectiva positiva incluso en medio de los desafíos.

También es esencial que los jubilados recuerden que el tawakkul no implica pasividad, sino que fomenta un compromiso activo con la vida manteniendo un corazón lleno de confianza en Dios. Esta participación activa en la vida, junto con la confianza en Dios, puede crear una jubilación plena y con propósito. Dedicarse a pasatiempos, perseguir nuevos intereses o continuar la educación pueden servir como vías para el crecimiento personal y, al mismo tiempo, reforzar la confianza en la guía de Dios.

Además, compartir experiencias de tawakkul con familiares y amigos puede ayudar a cultivar esta confianza dentro de la comunidad. Al hablar de historias personales de fe y confianza en Alá, los jubilados pueden inspirar a otros a adoptar el tawakkul en sus propias vidas. Este refuerzo colectivo de la confianza puede fortalecer los vínculos entre los miembros de la comunidad, fomentando un entorno de apoyo donde todos se alientan mutuamente en sus viajes espirituales.

En conclusión, adoptar el tawakkul después de la jubilación es una forma poderosa de afrontar los cambios y desafíos que trae consigo esta etapa de la vida. Al depositar la confianza en Alá, los jubilados pueden encontrar paz, propósito y satisfacción en sus vidas. Cultivar el tawakkul implica una combinación de fe, acción y reflexión, que permite a las personas equilibrar sus esfuerzos con la confianza en la sabiduría de Alá. A través de la oración, la participación comunitaria y la gratitud, los jubilados pueden fomentar una conexión profunda con Alá que mejore su calidad de vida y fortalezca sus vínculos con los demás. En última instancia, el tawakkul sirve como un principio rector que anima a los jubilados a abrazar cada día con esperanza y confianza en el plan divino de Alá.

Conclusión: Esforzándose por alcanzar el Paraíso en la jubilación

A medida que las personas se jubilan, entran en una etapa única de la vida llena de oportunidades para la reflexión, el crecimiento y un compromiso más profundo con su fe. El concepto de esforzarse por alcanzar el Jannah (el Paraíso) se vuelve particularmente conmovedor durante este período, ya que los jubilados tienen la oportunidad de dedicar los años que les quedan a actos de adoración, servicio comunitario y desarrollo personal. Este capítulo final resume los temas clave explorados a lo largo del libro y enfatiza la importancia de llevar una vida alineada con los valores islámicos en la búsqueda del Jannah.

El camino hacia el Paraíso no se define por la edad, sino por las intenciones y las acciones de cada individuo. El Islam enseña que cada momento es una oportunidad para buscar la complacencia de Dios, y esto es especialmente cierto en la jubilación. Con más tiempo libre y una gran cantidad de experiencias vitales, los jubilados pueden centrarse en mejorar sus prácticas espirituales, participar en actos de caridad y contribuir positivamente a sus comunidades. Al hacerlo, no solo enriquecen sus propias vidas, sino que también dejan un impacto duradero en quienes los rodean.

El concepto de responsabilidad personal es central en esta búsqueda. Cada individuo será responsable de sus acciones, independientemente de la etapa de la vida en la que se encuentre. El Corán nos recuerda: "Y cada alma será recompensada conforme a lo que haya hecho; y Él sabe mejor lo que hacen" (Corán 2:281). Esta conciencia anima a los jubilados a reflexionar sobre cómo pueden aprovechar al máximo su tiempo y sus recursos para cumplir con sus obligaciones hacia Dios y contribuir a la sociedad. Realizar una autoevaluación periódica y establecer metas espirituales puede ayudar a los jubilados a mantenerse centrados en su camino hacia el Paraíso.

Durante la jubilación, es esencial mantener una fuerte conexión con Alá. Esta relación se cultiva mediante la oración, la lectura del Corán y la práctica del dhikr (recuerdo de Alá). Estas prácticas sirven como fuente de consuelo y guía, y refuerzan la creencia de que Alá está siempre presente, dispuesto a escuchar y a ayudar. Cuanto más nutran los jubilados su vida espiritual, más experimentarán la paz y la satisfacción que provienen de la fe.

Además, servir a los demás es un aspecto vital de la lucha por el Paraíso. El Islam hace mucho hincapié en la comunidad y en ayudar a los necesitados. Ya sea a través del voluntariado, la tutoría o simplemente ofreciendo apoyo a familiares y amigos, los jubilados pueden encarnar los valores de compasión y generosidad que son fundamentales para las enseñanzas islámicas. El Profeta Muhammad (la paz sea con él) afirmó: "Las mejores personas son aquellas que aportan el mayor beneficio a los demás" (Sahih Al-Jami). Al buscar activamente formas de servir, los jubilados no solo cumplen con sus obligaciones religiosas, sino que también fomentan un sentido de propósito y pertenencia.

Otro tema importante que se explora en este libro es la idea de dejar un legado. Los jubilados tienen la oportunidad de compartir sus conocimientos, experiencias y valores con las generaciones más jóvenes. Esta mentoría puede adoptar muchas formas, desde enseñar clases de religión hasta simplemente ser una presencia de apoyo en las vidas de los nietos y los jóvenes de la comunidad. Al invertir en la próxima generación, los jubilados pueden contribuir a una cultura de fe y rectitud, asegurando que su legado siga prosperando mucho después de que hayan partido de este mundo.

Además, cultivar la gratitud es esencial en el camino hacia el Paraíso. La jubilación suele ir acompañada de desafíos, como problemas de salud y sentimientos de aislamiento. Sin embargo, si se centran en las bendiciones de su vida y mantienen una actitud positiva, los jubilados pueden fomentar una actitud de gratitud que mejore su bienestar general. El Profeta Muhammad (la paz sea con él) enseñó que "quien no agradece a la gente no agradece a Dios" (Sunan Abi Dawud). Esta perspectiva anima a los jubilados a valorar el apoyo y el amor que reciben de su familia, amigos y su comunidad, lo que refuerza su conexión con los demás y con Dios.

Por último, mientras los jubilados se esfuerzan por alcanzar el Paraíso, deben recordar que el viaje no es solitario. Los lazos de hermandad en el Islam brindan un apoyo invaluable a lo largo del camino. Relacionarse con la comunidad, participar en actividades grupales y mantener amistades puede ayudar a los jubilados a sentirse conectados y valorados. La camaradería que se encuentra dentro de la mezquita y entre los creyentes puede servir como una fuente de aliento, recordando a las personas que son parte de una misión más grande para buscar la complacencia de Alá.

En conclusión, la jubilación es una gran oportunidad para el crecimiento espiritual, el servicio y la construcción de un legado. Al esforzarse por alcanzar el Paraíso, los jubilados pueden abordar esta etapa de la vida con un propósito y entusiasmo. Las lecciones compartidas a lo largo de este libro enfatizan la importancia de la fe, la comunidad y la responsabilidad personal en esta búsqueda. A medida que las personas aceptan sus nuevos roles, se les recuerda que cada acción, sin importar cuán pequeña sea, puede contribuir a su viaje hacia el Paraíso. Con tawakkul (confianza en Alá) como principio rector y el compromiso de vivir una vida con propósito, los jubilados pueden encontrar alegría y satisfacción en su búsqueda del Paraíso, enriqueciendo no solo sus propias vidas sino también las vidas de quienes los rodean.